LETTRES À UN JEUNE POLITICIEN

LETTRES À UN JEUNE POLITICIEN

LUCIEN BOUCHARD

AVEC PIERRE CAYOUETTE

vlb éditeur

Une société de Québecor Média

Cher ami,

Laisse-moi te faire d'abord une confidence qui ne te surprendra pas : ce n'est pas parce qu'on a quitté la vie publique qu'elle cesse de nous passionner.

L'actualité politique suscite souvent chez moi de vives émotions. Il m'arrive, en lisant les journaux du matin, de m'énerver, de pester contre tel point de vue ou telle décision et de me dire : « Ah, ce n'est pas ce que je dirais – ce n'est pas ce que je ferais ! »

Dans la fièvre du moment, j'ai parfois écrit des lettres emportées, pour les ranger aussitôt dans le dossier de mes gestes manqués. Je tentais ensuite de me consoler de ce musellement volontaire en m'attribuant le mérite de ne pas trop embarrasser les joueurs actuels par mes conseils et mes protestations d'estrade.

Ceux qui m'ont approché pour participer à la collection « Lettres à un jeune... » m'ont donné l'occasion de te faire non pas une, mais neuf lettres, avec la différence que celles-ci, je les écrirais à tête reposée, avec toute la sérénité possible. J'ai accepté sans hésiter.

Pourquoi ce soudain accès épistolaire ? Pas pour m'immiscer dans les débats actuels et pas davantage pour écrire mes mémoires (pas encore). Tu ne trouveras pas dans ces lettres de savants exposés sur ma « pensée politique », pas plus que je te demanderai de m'accompagner pas à pas sur le chemin de mon parcours. Surtout, je ne voudrais pas te faire croire que j'ai moi-même pratiqué toutes les vertus et fait preuve de toutes les qualités que je décris. Je ne contredirai pas ceux qui trouveront qu'il y a davantage à apprendre de mes défauts et de mes erreurs que de mes bons coups.

Si je t'écris, c'est parce que je me désole de la désaffection générale envers la démarche politique et du jugement sévère que ta génération, en particulier, me semble porter sur les élus. Je veux te convaincre de l'importance et de la noblesse de l'engagement politique. J'aborderai bien au passage quelques enjeux actuels et ferai, à l'occasion, référence à des épisodes de ma carrière. Mais je ne m'y résoudrai que pour en tirer des conclusions pour ta gouverne – si tu juges à propos d'en faire ton profit.

* * *

Je dois te dire comment s'est effectuée la rédaction de cette correspondance. On m'a fait bénéficier de l'aide de Pierre Cayouette, un journaliste de grand talent. Nous avons d'abord procédé à de nombreux entretiens durant lesquels j'ai enregistré l'essentiel de ce que je voulais te dire. Pierre a transcrit et mis en forme mes propos et m'a transmis un premier jet. J'ai retravaillé ce texte en le reformulant et en y apportant de nombreuses modifications tout en m'efforçant, dans la mesure du possible, de conserver le rythme et le ton de la conversation.

Je me suis demandé si je devais prendre la liberté de te tutoyer. À la réflexion, j'ai conclu qu'il était préférable d'éviter ce « vous » si embarrassant dans sa majesté ou son pluriel ; tu l'aurais sans doute trouvé peu propice à un dialogue direct et spontané.

Au terme de cet exercice, je considère que ce texte est le mien, ce qui n'ôte rien au crédit de Pierre Cayouette, que je remercie sincèrement pour sa contribution.

L. B.

Première lettre

LA NÉCESSITÉ DE S'ENGAGER

Comment se fait-il que si peu de jeunes s'engagent en politique ? Pourquoi ne voit-on pas plus d'avocats ou d'autres professionnels brillants, d'entrepreneurs ayant réussi ou d'universitaires influents se porter candidats ou militer dans les partis ? Je te raconte une anecdote qui apportera une partie de la réponse à ta question.

Il y a quelques années, des jeunes chefs d'entreprise m'ont invité à un dîner-conférence dans un club privé de Montréal. J'avais devant moi une quarantaine d'auditeurs et d'auditrices. Tous avaient en commun d'avoir fondé et de diriger leur entreprise. La rencontre se déroulait à huis clos. Ces entrepreneurs avaient souhaité entendre dans un court exposé ma vision de la situation du Québec ; j'avais accepté avec plaisir de me prêter à l'exercice. C'était convivial et chaleureux. Le fait de nous réunir autour d'une table favorisait les échanges directs.

Une discussion informelle a suivi ma présentation. Mes hôtes se sont mis à discuter entre eux et le ton a monté. Tous s'entendaient pour affirmer que « nous sommes dirigés par trop de politiciens mal préparés pour assumer de grandes responsabilités ». C'est un discours qu'on entend beaucoup, tu sais. Je les écoutai d'abord sans trop intervenir.

Ils en remettaient à qui mieux mieux. « Moi, la plupart des ministres qui siègent au Cabinet, je ne les engagerais même pas comme directeurs d'un de mes services », ironisait l'un. « Ils n'ont souvent aucune formation économique et certains gagnent deux fois le salaire qu'ils touchaient avant d'entrer en politique. C'est absurde », renchérissait un autre. Et ainsi de suite.

Au bout d'un moment, je les ai interrompus. « Je crois que vous y allez beaucoup trop fort. Si vous le voulez bien, faisons une expérience. Je vais commencer par désigner l'un d'entre vous et l'inviter à se lever. »

Je pointe alors du doigt un jeune homme au hasard. Il se lève, puis se présente. C'était un gars dans la mi-trentaine, qui en imposait par sa stature et sa forte personnalité. Je lui demande comment vont ses affaires. « Très bien ! J'ai fondé une entreprise il y a dix ans. Si vous saviez comme j'ai travaillé fort ! J'ai vidé mes RÉER, hypothéqué ma maison. Mon père m'a prêté de l'argent, une somme qu'il n'aurait pas pu perdre. Aujourd'hui, j'ai remboursé mon père et l'emprunt hypothécaire, et j'en suis fier. J'ai cent cinquante employés, notre chiffre d'affaires est en progression constante et nous sommes en train de réaliser d'ambitieux projets d'expansion. Vraiment, monsieur Bouchard, ça va très bien ! »

Après l'avoir félicité, je me permets de m'enquérir de sa formation. « J'ai fait HEC », me répond-il, toujours fièrement. Je poursuis : « Vous êtes marié ? Vous avez une famille ? » Il me regarde, les yeux brillants :

« J'ai deux enfants que j'adore et une femme formidable que j'aime tout autant. »

J'enchaîne. « On va terminer ce repas et se séparer. Supposons toutefois qu'en arrivant à votre bureau, votre adjointe vient à votre rencontre et vous annonce que vous avez reçu un appel de monsieur Charest. Allez-vous le rappeler ? »

« Monsieur Charest, le premier ministre ? », s'exclame-t-il. « Lui-même. Retournerez-vous son appel ? » « Bien sûr », qu'il me répond. Je reprends : « Imaginons maintenant qu'il vous invite à déjeuner, allez-vous accepter ? » Il n'hésite pas : « Mais comment donc ! C'est certain ! »

« Le lendemain, vous voici donc en tête-à-tête avec le premier ministre du Québec, dans son bureau de Montréal, au coin des rues McGill College et Sherbrooke. Le repas est agréable, la conversation intéressante. Au deuxième café allongé, monsieur Charest se penche vers vous, vous regarde droit dans les yeux et vous dit : "Écoutez, j'ai entendu parler de vous. Vous êtes un type formidable, vous avez trente-six ans, vous êtes diplômé des HEC, vous avez fondé une compagnie en pleine croissance qui crée beaucoup d'emplois. J'ai une circonscription qui s'est libérée en raison du départ d'un de mes ministres. Alors voilà : on vous assermente avant même votre élection, et je vous nomme tout de suite ministre du Développement économique. Je suis convaincu qu'on va bâtir de belles choses ensemble, pour le plus grand bien du Québec." » Je marque un temps, avant de poser à mon interlocuteur la question clé : « Qu'allez-vous répondre au premier ministre ? »

Sa réponse ne se fait pas attendre ; elle tombe comme une évidence : « Je lui dis non, bien sûr. » Quand je m'enquiers du pourquoi d'une décision si catégorique, il décline aussitôt la liste de ses motifs. « Je ne peux laisser mon entreprise en plan. Sans compter que le salaire d'un ministre est bien inférieur à mes revenus actuels. Je n'ai aussi aucune envie de m'enliser dans la machine bureaucratique de la fonction publique. Et puis, je ne suis pas assez masochiste pour m'offrir en pâture aux journalistes. Ils vont chercher des bibittes dans mon passé et éplucher mes moindres notes de frais. Mon couple risque d'exploser, comme tant d'autres dans le milieu politique. Je ne serais même pas assuré de voir mes enfants la fin de semaine... Il n'y a rien d'attrayant non plus dans l'idée d'affronter les regards noirs des citoyens : trop de gens se méfient des politiciens et mettent en doute leur intégrité. Non, je refuserais sans hésiter l'offre du premier ministre. »

Je te rappelle que, quelques minutes plus tôt, le même déplorait la piètre qualité du personnel politique.

Je repris la parole : « J'entends vos raisons, et je les comprends bien. Elles sont toutes légitimes. Mais votre refus de vous engager en politique devrait, selon moi, vous faire hésiter à condamner les gens qui le font et acceptent de subir les avanies que vous avez décrites. Eux ont accepté de prendre tous ces risques et choisi de sacrifier de larges pans de leur vie personnelle. »

Tu sais, je crois bien les avoir ébranlés. Peut-être hésiteront-ils un peu, désormais, avant de lâcher la bride à leurs jugements péremptoires. Et s'il advient qu'un jour un premier ministre invite l'un ou l'une d'entre eux à son bureau pour parler d'avenir... qui sait ?

Il faut, de toute urgence, convaincre les jeunes de s'engager en politique. C'est une nécessité. Il faut renouveler les partis, les rajeunir, les mettre au diapason des préoccupations d'aujourd'hui. Un jeune, ça déborde d'enthousiasme. C'est prêt à s'aventurer en terrain inconnu et ça inspire confiance. Ce sont des qualités comme celles-là qui revigoreront la politique et la société.

Je refuse de sombrer dans ces discours pessimistes et nostalgiques qui font dire à plusieurs que les politiciens d'aujourd'hui sont médiocres. C'est trop facile. Les plus critiques devraient se demander s'ils pourraient eux-mêmes faire mieux dans les circonstances présentes. J'ai confiance en l'avenir et je suis plein d'espoir pour le Québec.

Je crois que l'état de la société québécoise d'aujourd'hui n'est pas étranger à la désaffection de ses forces vives pour la chose publique. Quand j'avais vingt ans, les enjeux étaient beaucoup plus clairs, plus inspirants. Nous voulions développer le Québec, créer des programmes sociaux, éduquer la jeunesse. Nous étions portés par des rêves et notre admiration pour de grands leaders comme Jean Lesage, René

Lévesque, Paul Gérin-Lajoie, Jean Marchand ou Jacques Parizeau ; et de maîtres comme le sociologue Guy Rocher, le père Georges-Henri Lévesque (le fondateur de la Faculté des sciences sociales de l'Université Laval).

Je voudrais que tu puisses voir comme le Québec bougeait dans les années 1960. Le gouvernement avait créé un ministère de l'Éducation et formé la commission Parent pour élaborer une réforme cruciale. C'était aussi l'époque de la fondation de la Caisse de dépôt et placement et de la Société générale de financement, et celle de la nationalisation de l'électricité et des grands travaux de Manic 5. Bref, le Québec moderne s'éveillait, prenait son essor. C'était un moment de grâce, en particulier pour les jeunes diplômés des universités qui avaient le loisir de pouvoir choisir parmi plusieurs offres d'emplois.

Aujourd'hui, tout est beaucoup plus complexe, au Québec comme ailleurs. La situation fait beaucoup moins appel à la passion. Redresser les finances publiques, revoir le système de taxation, réformer certains régimes sociaux... il n'y a rien dans ce programme pour séduire les foules ou pour inspirer des discours exaltants.

Or, on ne convainc pas si on n'exalte pas. Un politicien doit pouvoir susciter l'émotion de la population pour l'entraîner. La souveraineté a longtemps été un projet porteur, parce que c'est un projet qui allie l'émotion pure à la poursuite d'objectifs fondateurs.

Je crois fermement qu'il faut trouver l'amalgame, l'idée qui fera redécoller le Québec et les Québécois.

Je suis convaincu que les jeunes générations y parviendront.

On dit parfois « méfie-toi de l'homme qui n'a qu'une idée ». Je crois tout de même que si tu veux te lancer dans l'action politique, il te faut nourrir une idée motrice, promouvoir un projet d'envergure. Si tu fais le saut seulement pour « avoir la job », ton engagement n'aura aucun sens et ne mènera à rien.

De nombreux sondages confirment la désaffection des jeunes à l'endroit de la politique, et leur taux de participation aux élections ne cesse de baisser. Tu sais comme moi que les statistiques sont effarantes. En 2008, aux élections générales fédérales, à peine plus de 35 % des jeunes de 18 à 24 ans se sont prévalus de leur droit de vote. Aux dernières élections générales au Québec, seulement 57 % des Québécois ont fait leur devoir de citoyens. Le taux d'abstention n'avait pas atteint de tels sommets depuis 1927.

Les jeunes délaissent les partis politiques. Ils sont peu enclins à y militer, encore moins à se porter candidats. Cette indifférence fait planer un grave danger sur leur avenir. C'est la raison pour laquelle je t'écris. Si je te parle de moi, si j'évoque mes expériences, ce n'est que pour appuyer le message, le situer dans un vécu. L'important, c'est que les jeunes se « réactivent », s'intéressent à nouveau aux projets politiques collectifs. Parce que c'est d'eux et de leur avenir qu'il est question. Les enjeux politiques nous concernent tous, mais vous êtes les premiers touchés. Éducation, programmes sociaux, finances publiques, développement économique, question nationale, culture, environnement, caisses de retraite, réseau de la santé, infrastructures : tous les choix qui vont être faits – ou pas –, c'est vous qui allez en bénéficier ou en pâtir le plus.

L'expression a beau être galvaudée, il reste que votre avenir, donc celui du Québec, est en jeu. Votre accès au monde, les impôts que vous allez payer, la qualité des services publics que vous recevrez : c'est de cela qu'il s'agit. Dans quelle société souhaitez-vous élever vos enfants ? Stimulante ou pas ? Le Québec qui se construit aujourd'hui sera votre univers. Vous avez tout à gagner à le façonner vous-mêmes. Si les meilleurs éléments de la société n'entrent pas en politique, d'autres gens le feront et pas toujours pour les bons motifs.

Les hommes et les femmes qui plongent dans l'action politique doivent donc être capables d'inspirer et de mobiliser les citoyens. Note bien que je ne veux pas stigmatiser les politiciens d'aujourd'hui. Nous leur devons du respect, comme je l'ai dit à mes hôtes du dîner-conférence, notamment parce qu'ils ont osé faire le saut.

Il m'arrive fréquemment, depuis que j'ai délaissé la vie politique pour revenir à ma carrière d'avocat, de croiser sur ma route des jeunes qui ont des profils extrêmement intéressants. Des jeunes qui ont de l'ambition, qui travaillent avec ardeur et cherchent à atteindre les plus hauts niveaux de réalisation. Il est à la fois légitime et utile de rêver d'excellence, de redoubler d'efforts pour s'en approcher et de faire ensuite profiter la classe politique de son expérience.

Le vide créé dans le paysage politique par l'absence des jeunes accroît le désintéressement de l'ensemble des citoyens. C'est la poule et l'œuf, tu sais, un vrai cercle vicieux. Moins il y aura de dirigeants inspirants, plus le climat sera morose. Et plus ça sera morose, moins on verra d'étoiles nouvelles dans le firmament politique.

Il faut, de toute urgence, remettre le Québec en action. Les jeunes doivent être parties prenantes des changements qui s'imposent. Et ils n'y parviendront que s'ils s'engagent. L'engagement, c'est le seul chemin qui mène au changement souhaité par les Québécois. Je suis convaincu qu'il y a, à l'état latent, dans la population, le désir profond que « ça reparte ». Nous avons besoin de recommencer à croire en quelque chose, en quelqu'un.

Tu me demandes s'il faut souhaiter pour cela qu'émerge un grand leader politique. Je ne crois pas au mythe du Sauveur, de l'ange charismatique. Certes, il faut un chef. C'est le ferment dans la pâte. Loin de moi l'idée de déprécier le rôle du leadership, au contraire : dans toutes les sociétés, quand les choses se sont mises à bouger, il y a eu des leaders.

Cela dit, point n'est besoin d'attendre le messie. Le leadership s'exerce à tous les niveaux, et pas seulement en politique. Un leader, c'est quelqu'un qui, dans un milieu et à un moment précis, commence à s'activer lui-même et à activer les gens qui l'entourent, quelqu'un qui fait démarrer les projets, qui vous tire vers le haut, qui amène tout le monde à se dépasser. Il n'y a rien là de surnaturel.

Un véritable leader, c'est quelqu'un qui établit un dialogue avec la population et présente des objectifs qui déclenchent l'action ; qui propose la cible vers laquelle convergeront les énergies capables de mettre un projet en marche ; qui est au diapason de sa génération et de son milieu. Il doit y avoir une adéquation entre l'individu et l'esprit du temps. Ça ne peut pas être quelqu'un qui, du jour au lendemain, surgit comme par miracle. Les leaders apparaissent à certaines époques bien précises, en fonction de la situation et des circonstances.

Une chose sur laquelle on peut compter, c'est qu'il y aura des leaders. Bien sûr, ils devront être compétents, en pleine maîtrise des projets qu'ils voudront réaliser et des problèmes qu'ils auront à résoudre. Mais, ces prérequis étant satisfaits, les ingrédients de leur leadership proprement dits s'incarneront dans des valeurs essentiellement humaines, donc terriblement conventionnelles : l'intégrité, le courage, la patience, l'écoute, l'authenticité, la vision, la capacité d'inspirer collaborateurs et concitoyens.

Je pense que la société québécoise est en attente d'une nouvelle génération de dirigeants. On le sent bien, les gens veulent voir de nouveaux visages au sein de la classe politique. Quelle belle occasion pour un jeune ! J'ajouterais que les Québécois sont prêts à consentir pour l'avenir de leurs enfants bien plus d'efforts et de sacrifices qu'on le prétend. Mais ils ont soif d'idées fraîches, de sang neuf. J'imagine un jeune qui se lève pour dire : « J'ai trente-huit ans, et je n'accepte pas en bloc l'héritage qu'on s'apprête à me laisser. Ensemble, on va bonifier ce patrimoine ; on va le faire pour nous et pour nos enfants. On va poursuivre et consolider les efforts de ceux qui nous ont précédés. » Ce candidat-là, je suis convaincu que les Québécois, en particulier les plus jeunes, auront envie de le suivre.

Deuxième lettre

DE L'IMPORTANCE D'AVOIR UNE CARRIÈRE PRÉALABLE

Tu as bien raison de me le rappeler. J'avais quarante-neuf ans quand je suis entré en politique. Pas si jeune ! J'avais souvent été sollicité, tant à Québec qu'à Ottawa, mais j'avais toujours refusé. Je l'ignorais à l'époque, mais le temps que j'ai mis à m'engager en politique active n'a pas été perdu.

En réalité, il y a plusieurs manières de se préparer à la vie publique. Je respecte ceux et celles qui sont « tombés dedans » très tôt. Mais il y a aussi la manière des René Lévesque, Jacques Parizeau, Jacques-Yvan Morin, Jean Lesage, Paul Gérin-Lajoie et Pierre Elliott Trudeau : arriver aux fonctions électives après avoir connu une diversité d'expériences de vie.

Ne sous-estime pas non plus les rencontres que tu peux faire en chemin. Pour ma part, j'ai exercé avec bonheur la profession d'avocat, d'abord dans l'étude de Me Roland Fradette, à Chicoutimi. J'ai beaucoup appris de ce merveilleux plaideur, un homme de grande culture, un maître de la langue française. La vie nous offre parfois ce cadeau de croiser tôt sur notre route des gens qui nous guident et nous forment, même à la dure. Il faut savoir les reconnaître et s'en inspirer. J'ai ensuite créé mon propre cabinet, et dans les vingt-deux premières années de ma pratique du droit, j'ai connu l'échec et le succès, j'ai reçu des claques et j'en ai donné, comme plaideur et comme négociateur. Cette rude école m'a beaucoup servi dans l'arène politique.

En plus de ma pratique privée, j'ai eu la chance de remplir plusieurs mandats publics. Tes parents ou tes professeurs d'histoire t'ont peut-être déjà raconté le triste épisode du saccage des chantiers de la Baie-James, en 1974. Ce n'est pas d'aujourd'hui que les péripéties du secteur de la construction défraient la chronique. À cette époque, des émeutes, des incidents violents, des incendies et du vandalisme avaient forcé l'arrêt de l'immense chantier de LG2, sur la rivière La Grande. Le gouvernement de Robert Bourassa avait créé une commission d'enquête pour faire la lumière sur ce sabotage et identifier les coupables. Par la suite, le mandat s'est étendu à tous les chantiers du Québec. Il comportait aussi la formulation de recommandations pour discipliner l'industrie de la construction. C'est Robert Cliche, alors juge en chef de la Cour du Québec, qui présidait cette commission. C'était un social-démocrate qui avait la fibre de l'engagement. Brian Mulroney, que j'avais connu à la Faculté de droit de l'Université Laval, et le syndicaliste Guy Chevrette étaient commissaires. J'ai œuvré à titre de procureur, puis de procureur-chef.

Tiens ! Je ne résiste pas au goût de te raconter une anecdote que j'ai déjà rapportée dans mon livre *À visage découvert*. Robert Cliche, qui avait déjà à deux reprises brigué sans succès les suffrages comme candidat du Nouveau Parti démocratique, insistait pour que nous, ses collaborateurs, envisagions une carrière politique. « Les p'tits gars, c'est à votre tour. Toi, mon Brian, tu t'en vas à Ottawa et tu deviendras premier ministre du Canada. Toi, ti-Guy, tu te feras élire à Québec. Vous autres, Paul-Arthur [Gendreau, un autre procureur] et toi, Lucien, cessez de penser uniquement à gagner de l'argent et faites vos devoirs de citoyens ! » nous répétait-il.

Revenons à nos moutons. Chose certaine, avoir le privilège de participer à une telle commission vous donne un bagage qui ne peut que vous servir plus tard. Je devais obtenir ensuite d'autres mandats publics. En 1977, avec Yves Martin, un des pionniers du ministère de l'Éducation, j'ai été recruté par le premier ministre René Lévesque pour faire partie d'une commission chargée de proposer une réforme du régime de négociation des secteurs public et parapublic. Puis, messieurs Parizeau et Lévesque me demandèrent, en 1978, d'en faire la première application en tant que principal négociateur patronal et porte-parole du gouvernement dans des négociations avec les syndicats du Front commun.

J'ai répété cette expérience durant la dure ronde de 1982, qui s'est soldée par une loi-décret qui a mis à mal la relation privilégiée qu'entretenait jusqu'alors le Parti québécois avec les syndicats.

Cette pratique des négociations et des milieux politiques et gouvernementaux – et mon amour de la France et de ses écrivains ! – m'avaient sans doute prédisposé à occuper le poste d'ambassadeur du

Canada à Paris que me confia en juillet 1985 le premier ministre Mulroney. Comme tu le sais peut-être, nous avions tous les deux, depuis nos études à l'Université Laval, formé d'étroits liens d'amitié.

Tout au long de ces années qui ont précédé mon entrée aux Communes en mars 1988, j'avais pu observer de l'intérieur le fonctionnement d'un gouvernement. J'avais vu comment s'opéraient les arbitrages politiques et j'avais découvert la dynamique entre l'exécutif et l'administration, en même temps que je m'initiais aux arcanes de la diplomatie.

Tout ce parcours n'a pas été sans embûches. Disons que lorsque je suis entré en politique, j'avais déjà fait un certain nombre de ces erreurs qu'on ne peut commettre qu'une fois et qui balisent de drapeaux rouges les chausse-trappes à éviter plus tard.

Cela dit, l'engagement en politique ne commence pas au moment où l'on franchit le seuil d'une enceinte législative ou d'une assemblée de militants. C'est tout au long des itinéraires personnels que les choses se dessinent.

Si je devais remonter avec toi à la source de mon désir de m'investir dans des responsabilités publiques, il me faudrait parler de mes années d'études classiques à Jonquière, d'abord à l'Externat Saint-Michel, avec les frères du Sacré-Cœur, puis au Collège de Jonquière, avec les pères oblats.

Tu as certainement entendu parler du cours d'humanités classiques, aboli durant les années 1960 au profit des cégeps. Sache que ce furent pour plusieurs, dont moi, des années excitantes. J'adorais le grec et le latin. J'ai déjà dit que j'aurais payé pour faire des versions latines. Les oblats encourageaient l'engagement et la créativité. Ils étaient exigeants, mais tolérants. Il me semble, du reste, que nous ne sommes pas assez reconnaissants envers ces milliers de religieux enseignants des deux sexes qui ont formé des générations de jeunes Québécois. Je nous trouve même plutôt ingrats.

Cela te semblera étrange, mais sache que l'engagement, à cette époque, c'était plus souvent qu'autrement le sacerdoce. Au moins un finissant du Séminaire de Chicoutimi sur trois, et parfois davantage, prenait le chemin du Grand Séminaire. Ensuite venaient les candidats à la médecine, qui trônaient dans l'estime générale. « À défaut de devenir prêtre, sois au moins médecin », entendions-nous dire dans nos familles. Bien après suivaient les futurs ingénieurs, avocats, notaires, syndicalistes ou journalistes. On trouvait en fin de liste ceux qui se destinaient aux affaires et s'inscrivaient, à Laval, à la Faculté de commerce.

Il n'y avait donc pas de plus grande fierté, pour une famille, que de compter en son sein un religieux. Avec deux oncles prêtres et une quinzaine de religieuses (tantes et cousines), ma famille était comblée. C'était le Québec d'alors. Pour leur campagne électorale de 1960, les libéraux de Jean Lesage, qui reprochaient pourtant à l'Union nationale sa collusion avec le clergé, avaient publié un prospectus électoral qui décrivait chacun de leurs candidats. Eh bien ! Chaque présentation ou presque comportait la référence obligée à un ou plusieurs parents religieux. Même pour René Lévesque, on avait éprouvé le besoin de dénicher une parente éloignée qui était religieuse. C'est Jean-Roch Boivin, un proche de monsieur Lévesque et plus tard l'un de mes collaborateurs, qui m'a montré un jour ce document électoral.

Tu me demandes par où commencer pour faire l'apprentissage de l'engagement en politique ? On arrive à la chose publique par plusieurs chemins. Le mieux, c'est encore de t'en donner quelques exemples.

Bernard Landry, Pierre Marois et Jean Charest ont fait leurs premières armes dans les mouvements étudiants ; Line Beauchamp s'est d'abord fait connaître par son action communautaire dans l'est de Montréal ; Agnès Maltais a été très active dans le milieu du théâtre et de la culture à Québec ; Françoise David a milité à la Fédération des femmes du Québec ; j'ai connu Jacques Chagnon au moment où il assumait des responsabilités à la haute direction de la Fédération des commissions scolaires ; quand j'ai rencontré Guy Chevrette, il était syndicaliste et faisait de l'arbitrage, et il devint ensuite vice-président du Syndicat des enseignants du Québec ; Louise Beaudoin a amorcé sa carrière dans le milieu des relations France-Québec ; Michelle Courchesne a entre autres consacré quelques années à la promotion de l'Orchestre symphonique de Montréal, en qualité de directrice générale ; Diane Lemieux a travaillé à la prévention des agressions sexuelles et dirigé un centre de recherches sur la violence familiale ; et ainsi de suite, pour tant d'autres. Ce fut la protection de l'environnement pour les uns, la promotion de l'entreprise privée au sein des Chambres de commerce pour les autres, ou encore la politique municipale, etc.

Il y a aussi les multiples causes caritatives que tu peux soutenir l'Accueil Bonneau, par exemple, ou le Garde-Manger Pour Tous. Où que ce soit, dans l'exercice de responsabilités professionnelles, de la gestion d'entreprise, de l'enseignement ou de n'importe quelle activité qui te fait acquérir du vécu te sensibilisera aux préoccupations des électeurs et t'aidera à prendre plus tard des décisions mieux adaptées aux besoins de la population.

Tu veux une confidence ? J'ai songé à me faire prêtre. J'avais lu l'œuvre de Bernanos et je croyais mon destin tracé. Le prélat curé de la paroisse Saint-Dominique à Jonquière avait dit à mes parents, en me posant sur la tête sa barrette pourpre : « Lucien sera notre cardinal. » J'ai finalement préféré les sciences sociales et le droit.

Mon engagement s'est d'abord manifesté à travers le journalisme. Avec mon camarade Yves Villeneuve, j'ai fondé le premier journal étudiant du Collège de Jonquière, *Le Cran*. J'ai toujours été attiré par le journalisme, au point de songer à y faire carrière. J'ai payé une coccinelle Volkswagen et une partie de mes études universitaires en travaillant comme pigiste pour *La Presse*, à son bureau saguenéen. On me rémunérait « au pouce », ce qui m'incitait parfois à allonger mes colonnes allègrement. À l'Université Laval, je suis devenu rédacteur en chef du journal *Le Carabin*. Le directeur général était Denis de Belleval, qui allait devenir ministre dans le gouvernement de René Lévesque et qui, aujourd'hui encore, n'hésite pas à s'engager activement dans les causes qui lui tiennent à cœur.

Pour mes collègues du *Cran* et moi, le substitut à la prêtrise, c'était la politique et le désir de participer à ce vaste mouvement d'émancipation de la société québécoise que fut la Révolution tranquille. Le Québec bouillonnait. Nous croisions régulièrement les René Lévesque, Paul Gérin-Lajoie ou Eric Kierans, au hasard de nos promenades dans les rues ou dans les restaurants du Vieux-Québec. J'ai souvenir en particulier d'une rencontre chaleureuse avec Daniel Johnson père. Nous admirions ces hommes et pensions qu'ils étaient en train de construire notre avenir.

Mon premier discours public, je l'ai prononcé à la Porte de l'Amérindien, devant l'Assemblée nationale, à Québec, en 1963. Mes camarades et moi avions organisé une manifestation des étudiants universitaires de tout le Québec. Nous nous sommes réunis en masse devant l'Assemblée nationale pour appuyer le premier ministre Jean Lesage, alors en discussion au Salon rouge avec le premier ministre canadien Lester B. Pearson et les autres premiers ministres des provinces. Nous voulions que les interlocuteurs de Lesage sachent par nos discours et nos slogans que nous soutenions sa revendication de créer une Caisse de dépôt et placement. Je dirais que c'est véritablement là, devant des milliers d'auditeurs enthousiastes, que j'ai senti pour la première fois le pouvoir de la parole.

Je t'entends déjà répliquer que l'attente d'un soutien affectif des étudiants au profit des politiciens procède d'une pure nostalgie. J'en conviens. Les enjeux d'aujourd'hui sont infiniment moins clairs que ceux de ma jeunesse. Qui pouvait être à l'époque contre la création d'un système d'éducation démocratisé ? Comment aurait-on pu ne pas vibrer devant la mise en place de puissants instruments de développement économique du Québec ? Les problématiques sont maintenant plus floues et souvent très techniques, au point de provoquer des combats douteux, des débats parfois rebutants pour le public.

Les années de la Révolution tranquille, c'était non seulement l'époque où tout était clair mais également celle où tout était possible. La gestion des finances publiques n'était pas le cauchemar qu'elle est devenue. Le crédit du Québec était intact et les ressources, facilement accessibles. La complexité et la lourdeur de la tâche sont maintenant telles qu'il faut peut-être plus de courage qu'autrefois pour s'engager dans la vie publique. Et en plus de courage, tu devras montrer beaucoup de patience, à la différence des dirigeants des années 1960 et 1970, qui pouvaient décider et exécuter sans passer par les méandres des comités, des audiences et consultations infinies.

Or, la patience ne vient pas naturellement aux hommes et aux femmes d'action. Peut-être n'est-ce pas si grave : se pourrait-il qu'il vaille mieux ne pas en avoir trop ?

Pour bâtir le Québec, nous savions qu'il fallait miser sur l'éducation. Voilà une conviction profondément ancrée en moi. Si je revenais en politique, c'est le ministère de l'Éducation que j'aimerais me voir confier. Dans ma famille, on plaçait l'éducation au-dessus de tout. Ma mère avait complété sa dixième année et écrivait sans fautes, ce qui n'était pas rien. Mon père, lui, n'avait pas eu la chance d'aller plus loin que l'école de rang. Il était camionneur, mais il s'enorgueillissait avec raison d'avoir envoyé mes trois frères décrocher des doctorats en France. L'école, pour lui, c'était la clé. Le dimanche après la messe, quand, à notre demande, il prenait le temps de nous « parler de la vie », il répétait que l'instruction serait pour nous le meilleur moyen d'avancer.

« Les Québécois sont talentueux et, lorsqu'ils auront eu la chance de s'instruire, leur avenir sera fantastique. » Voilà ce que nous nous disions quand j'étais étudiant, au début des années 1960. C'est le projet auquel nous adhérions, nous, les journalistes du *Carabin*. Denis de Belleval était déjà indépendantiste. Il écrivait des articles avec lesquels je n'étais pas toujours d'accord. J'étais nationaliste, certes, mais je n'étais pas rendu au même point que lui. Nous étions des progressistes avant tout.

Tu auras deviné mon message : pour qui envisage de se lancer en politique active, le journalisme étudiant est une merveilleuse école. On n'entre pas en politique comme dans un moulin. C'est un métier. Il est périlleux de s'y lancer tête baissée, sans s'y préparer très tôt. Il faut réfléchir aux grands enjeux, s'intéresser à l'actualité nationale et internationale. Naturellement, la fréquentation des œuvres littéraires et des livres d'histoire est un incontournable.

Je souhaiterais que les jeunes, tout en poursuivant des études ou en menant une autre carrière, investissent en nombre les partis politiques et les organisations, qu'ils s'y expriment, qu'ils prennent position sur les questions d'intérêt public. Graduellement, les partis réaliseront la richesse de ce vivier de candidats. On verra peut-être alors davantage de gens qui auront préalablement fait leurs classes dans le quotidien de la société civile.

Se préparer à l'engagement politique, c'est aussi s'efforcer de développer des qualités comme l'esprit de synthèse et la maîtrise de l'art oratoire. La formation intellectuelle compte énormément. Le cours classique mettait les étudiants en contact avec des matières exigeantes comme le latin, le grec, la littérature et la philosophie. Nous y apprenions à nous exprimer avec concision et clarté. On nous faisait étudier les textes anciens, puis les grands auteurs français. Des « compositions françaises », nous en écrivions à la tonne.

Les frères et les pères nous inscrivaient à des joutes oratoires et nous enseignaient l'« éloquence », un mot qui te semblera peut-être suranné. La pratique de cet art – c'en est un – requiert une formation intellectuelle et une application qui gardent toute leur pertinence. Je me rappelle à cet égard la maxime de Cicéron : « *Nascuntur poetae, fiunt oratores.* » On naît poète, on devient orateur.

J'ai vu pas mal d'avocats s'imaginer qu'ils feraient instantanément d'excellents politiciens parce qu'ils étaient de bons plaideurs. Ils ignorent bien souvent qu'il y a, d'abord et avant tout, une question de contenu. Au reste, l'exercice de la parole, ce n'est pas la même chose en politique que dans d'autres domaines. Ceux qui le croient vont au-devant d'amères déconvenues.

Si tu songes à une démarche politique, apprends à t'exprimer en public ! Astreins-toi à maîtriser le français, à le parler clairement et correctement. La protection du français commence par le souci de parler une langue de qualité ; entendons-nous bien, non pas une langue pointue ou précieuse, mais qui soit dépouillée d'anglicismes, respectueuse de la syntaxe, illustrée d'images compréhensibles par tous, avec des références de chez nous. J'ajouterai que communiquer, au XXIe siècle, en Amérique du Nord, c'est aussi pouvoir le faire en anglais et, si possible, dans une troisième langue. J'en connais plusieurs dans ta génération qui maîtrisent très bien l'espagnol : certains s'attaquent même au mandarin.

En ce qui me concerne, c'est la lecture qui, plus qu'autre chose, a nourri ma jeunesse et m'a préparé à la carrière politique. Adolescent, la littérature était mon refuge. Elle m'extirpait de la réalité. Souvent, des après-midi entiers, je me retirais dans ma chambre ou, l'été, dans la cour arrière de notre maison, pour lire en toute quiétude. Je « partais », durant des heures et des heures. J'oubliais le temps. C'était une fuite, une sorte d'échappatoire, sans doute parce qu'à cette époque, je trouvais la vie un peu morne en dehors de l'imaginaire romanesque.

Mon problème, c'était qu'il n'y avait pas assez de livres dans la bibliothèque paroissiale, quand même respectable, de Saint-Dominique de Jonquière. Je ne parle pas de celle de Saint-Georges, que j'ai écumée elle aussi, et qui tenait dans un placard. J'ai dû relire plusieurs fois les mêmes romans de Jules Verne, de Charles Dickens, de Paul Féval, de Raoul de Navery, ou de W.E. Johns, l'auteur des aventures de Biggles. J'ai beaucoup souffert d'avoir eu si peu accès à la culture. C'est ainsi que je suis devenu un adepte de la radio de Radio-Canada. Cela te paraîtra curieux, mais je rêvais déjà de posséder des livres de la vénérable « Bibliothèque de la Pléiade ». Aujourd'hui, au bout de cinquante ans de recherches et d'acquisitions soutenues, je les ai tous.

Plus tard, aux alentours de la vingtaine, j'ai lu Chateaubriand, Michelet, Saint-Simon, Balzac, Marcel Proust et bien d'autres auteurs. Étrangement toutefois – c'est certainement l'effet d'un intérêt trop exclusivement orienté du côté des humanités classiques –, nous abordions peu la littérature canadienne-française, comme on l'appelait alors. J'ai quand même lu très jeune plusieurs des œuvres importantes de nos auteurs. Bien sûr, la réforme Parent allait changer tout cela.

J'étais fou de la lecture et je le demeure. Peut-être ce besoin a-t-il beaucoup à voir avec mon sentiment d'avoir manqué de livres dans mon enfance ? En tous les cas, l'une des premières choses que j'ai dites à mes collaborateurs au moment de former mon Cabinet à Québec, en janvier 1996, c'était que j'avais l'intention de doter le Québec d'une Grande Bibliothèque.

Troisième lettre

L'ART DE COMMUNIQUER

Si tu es un observateur de la vie publique, tu l'auras sans doute remarqué : les politiciens en exercice évitent à tout prix d'énoncer des vérités difficiles, parce qu'ils savent que la population ne sera pas réceptive – et qu'il y a de fortes chances que les médias forcent le trait, en étant indûment négatifs ou en caricaturant leurs propos.

Je me remémore à ce sujet un épisode assez récent de mon retour à la vie civile. C'était en octobre 2006, longtemps après mon départ de la politique. Afin de souligner le premier anniversaire du manifeste *Pour un Québec lucide* dont j'étais l'un des signataires, j'avais accordé une entrevue au réseau TVA. En citant des statistiques rigoureuses et incontestables, j'avais soutenu que nous, Québécois, travaillions « moins que les Ontariens et infiniment moins que les Américains » ; « on ne travaille pas assez », avais-je ajouté. Je précise que je n'ai jamais déclaré que les Québécois étaient paresseux.

Je ne veux pas relancer ce débat. Je prends tout de même le temps de te rappeler le contexte, qui en dit long sur les dangers de la communication trop directe. À l'époque, les chiffres révélaient que les Québécois travaillaient, en moyenne, 1 730 heures par année, soit 5 % de moins que les Ontariens et 13 % de moins que les Américains. Comme un chroniqueur de *La Presse* l'avait signalé, cet écart s'expliquait par une semaine de travail plus courte, 32,8 heures en moyenne au Québec, contre 34 en Ontario et 37,6 aux États-Unis, ainsi que par des vacances plus longues et des congés plus nombreux.

J'avais tout simplement dit la vérité. Des dirigeants syndicaux et bien d'autres se sont indignés de mes propos, même si j'énonçais des statistiques tout à fait vérifiables. On m'a vilipendé, raillé. Aujourd'hui encore, pour certains chroniqueurs ou humoristes, je suis ce père Fouettard qui a traité les Québécois de paresseux. Comprends-tu mieux pourquoi la prudence prend si souvent le dessus chez les politiciens au moment d'aborder des questions de ce genre ?

Peu de temps après mon entrevue à TVA, une jeune femme m'apostrophe dans l'ascenseur de l'immeuble du centre-ville de Montréal où je travaille aujourd'hui. Elle me regarde sans ciller et me lance : « Monsieur Bouchard ! Je rentre au bureau à huit heures du matin, je travaille jusqu'à dix-sept heures. Et le soir, j'ai une autre *job*, où je fais au moins une quinzaine d'heures par semaine. Est-ce que je travaille assez à votre goût ? Allez-vous prétendre que je suis paresseuse ? »

J'étais embarrassé. Vois-tu à quel point mon message avait été dénaturé et mal perçu ? À peu près à la même époque, un ami, homme d'affaires réputé, m'a téléphoné, catastrophé. « Lucien ! Tu t'es mal exprimé. Tu aurais dû dire qu'il y avait des facteurs macroéconomiques qui nous empêchent d'être aussi productifs qu'on le souhaiterait... » « Qu'est-ce que c'est que ce jargon-là ? ai-je pesté. Tu parles des conventions collectives ? Tu aurais voulu que je parle des syndicats ? » Mon ami me rétorque : « Non, non, non ! Tu aurais dû t'en tenir aux facteurs macroéconomiques, rester vague. Si tu n'avais pas appelé les Québécois à travailler davantage, ça t'aurait évité bien des soucis. »

J'étais abasourdi. Pourtant, je persiste et signe : il faut dire la vérité à la population et ne jamais la flatter bassement. C'est cela, le respect. Pourquoi ne pas regarder les choses en face ?

Tout cela m'amène à aborder avec toi un sujet essentiel : la communication. En politique, tu auras beau te distinguer par ta compétence et ton intégrité, si ton message ne passe pas, il restera lettre morte. Tu dois t'efforcer de maîtriser l'art de communiquer, surtout quand tu prends des décisions difficiles et que tu veux convaincre les gens d'y adhérer. Trouver les mots pour bien expliquer les choses, vulgariser des notions complexes et susciter l'adhésion : c'est un incontournable.

Il faut aujourd'hui avoir l'art du « clip » et posséder plus que jamais le sens de la formule : le message doit passer en quelques mots. C'est encore plus vrai si l'on siège à l'Assemblée nationale ou aux Communes. Il faut condenser son message en une ou deux courtes phrases si l'on veut qu'il soit relayé dans les grands bulletins d'informations. On a beau dire, les technologies modernes de communication, c'est merveilleux, mais ça ne donne pas beaucoup de temps pour se faire entendre. On n'a jamais été obligé de pratiquer la concision comme aujourd'hui. Pour qui a soif de profondeur, de nuances et d'analyses rigoureuses, cela peut être assez frustrant. Drôle de paradoxe : au moment où il y a plus de médias que jamais et où l'on se pique d'information continue, le temps alloué aux politiciens pour s'exprimer est mesuré au compte-gouttes.

Avant l'avènement de la télévision à la Chambre des communes et à l'Assemblée nationale, les députés avaient la vie plus facile. Ils s'installaient à Ottawa ou à Québec pour des semaines, le temps d'une session. Je ne suggère évidemment pas d'y revenir. Je veux simplement attirer ton attention sur les différences avec ce qu'on connaît aujourd'hui. En Chambre, les députés pouvaient parler pendant deux heures d'un seul sujet. Par la suite, les journalistes de la presse écrite rapportaient presque *in extenso* leurs paroles. Nous n'en sommes plus là depuis longtemps.

À la télévision, il n'y a pas que la parole qui compte. C'est terrible, mais c'est vrai : la gestuelle et l'image ont autant, sinon plus, d'importance que le propos. Je l'ai appris sur le tas, comme le reste.

Du temps où j'étais ambassadeur à Paris, au milieu des années 1980, le gouvernement m'avait rappelé au Canada, le temps d'une consultation, comme cela se produisait souvent. L'entourage du premier ministre souhaitait que j'accorde quelques entrevues à la télévision au sujet d'un dossier épineux concernant la France. Je devais, entre autres, me prêter à une entrevue en anglais, moi qui ne maîtrisais pas bien cette langue à l'époque, même si j'étais en train de l'apprendre, à Paris. Me voyant hésitant, on m'avait assigné, à mon grand réconfort, un communicateur de métier qui avait la confiance du premier ministre. Le lendemain, nous nous rendons tous les deux à CTV, à Ottawa, dans les studios de l'émission *Canada AM*. Il devait être sept heures du matin. Prenant mon courage à deux mains, je me lance et m'efforce de répondre de mon mieux aux questions. L'entrevue dure environ trente minutes. J'en ressors plus ou moins satisfait.

J'invite mon mentor à prendre un café. Je le regarde dans les yeux : « Comment m'as-tu trouvé ? » Il me répond : « C'était vraiment très bien. » Je proteste : « Il me semble que j'hésitais, que je cherchais mes mots, non ? » L'autre s'empresse de me rassurer. « Je n'ai pas vraiment remarqué. Tes gestes, ta cravate, la couleur de ta chemise, c'était très bien, tu étais parfait. Tu passes bien à la télé. »

Je me suis demandé s'il ne cherchait pas tout simplement à m'encourager. Mais il n'en reste pas moins qu'il ne m'avait fait aucune remarque sur le contenu, sur mes arguments, ni même sur ma prestation en anglais. C'est très souvent ça, la télévision. Faisant le compte rendu de mes performances au débat français de l'élection fédérale de 1993, dont la grande majorité des observateurs me déclarèrent vainqueur, une chroniqueuse émérite trouva à redire sur ma cravate, trop voyante à son goût. (La couleur avait pourtant été minutieusement choisie par une spécialiste de l'audiovisuel...)

Comme je te l'ai dit, les médias accordent parcimonieusement du temps de parole aux politiciens qui veulent élaborer leur point de vue. Si jamais on te consacre un peu de temps au *Téléjournal,* tu ne disposeras jamais que de quelques secondes pour t'exprimer. Walter Cronkite signale dans son livre *A Reporter's Life* qu'en quelques dizaines d'années, le « sound bite » standard est passé d'une vingtaine de secondes à guère plus d'une dizaine. Après ton intervention, on va faire entendre trois ou quatre opposants. On relativise tout. Tout devient insignifiant. Alors les politiciens sont nerveux. Ils préparent des capsules, cultivent la langue de bois, évitent les nuances, par crainte de déraper ou de donner prise à des interprétations biaisées.

Il y a quelque chose qui cloche là-dedans, et ce sera sans doute l'une des plus grandes difficultés de ta carrière politique. Tes rapports avec les médias seront au cœur de ton quotidien. Ça demande beaucoup d'expérience et il faut être drôlement vigilant.

Une autre remarque au sujet des communications : n'essaie pas de te lier d'amitié avec les journalistes ! Fréquenter un journaliste, l'inviter un soir au restaurant, passer une soirée avec lui, lui donner des informations inédites ? Pour un élu, tout cela ne mène à rien. Si tu t'imagines qu'il va prendre ton parti, t'aimer davantage parce que tu lui donnes des histoires exclusives, tu te leurres. Ça ne marche pas. Premièrement, les journalistes intelligents et intègres ne se laisseront pas amadouer ainsi. Deuxièmement, leur intérêt demeure celui de leur journal et non le tien, ne l'oublie pas. Il y a très peu de journalistes qui résistent à l'envie d'énoncer leurs opinions et d'émettre des jugements même s'ils te blessent. Si tu as tissé des liens personnels avec le reporter, tu te sentiras trahi par quelqu'un que tu considérais comme un ami, mais tu n'auras à t'en prendre qu'à toi-même. Benjamin Bradlee, un éminent journaliste du *Washington Post* qui avait formé des relations d'amitié avec John F. Kennedy, rapporte un incident du genre dans son livre *Conversations with Kennedy*.

A contrario, se faire des ennemis dans la presse est une erreur tout aussi grave. Les journalistes ne sont pas des ennemis. Il me semble d'ailleurs qu'ils ne m'ont généralement pas trop malmené, même du temps où j'étais premier ministre. J'aime penser que s'ils m'ont traité correctement, c'est que je m'efforçais d'entretenir avec eux une relation de nature professionnelle. J'ai toujours compris qu'ils avaient une fonction à accomplir, que j'en avais une autre et que nous n'avions pas forcément les mêmes intérêts. Chacun doit jouer son rôle dans les règles. Pour un journaliste, ça veut dire écrire des choses vraies, avec des sources solides, et dispenser les lecteurs des trouvailles de ces sources anonymes « généralement bien informées », ces courageux personnages qui, tapis dans l'anonymat, véhiculent des histoires sans intérêt et souvent fausses, du genre : « Bouchard est mécontent d'Untel » ou « Bouchard a l'intention de faire ceci ou cela ». La majorité des journalistes évitent cette dérive. Mais certains s'y laissent aller. Le verdict de Jacques Parizeau là-dessus est implacable : « Ceux qui savent ne parlent pas ; ceux qui parlent ne savent pas. »

Un mot sur les chroniqueurs qui semblent de plus en plus jouer le rôle de « philosophes dans la cité » qui était jadis l'apanage des universitaires. Tu constateras d'abord qu'ils sont nombreux. Je ne dis pas qu'il y en a trop, car il n'y en aura jamais trop de bons. Ce qui est sûr, c'est que leurs lecteurs et auditeurs sont bombardés par leurs opinions, pour le meilleur comme pour le pire. Je ne sais pas comment tu t'arrangeras avec tout cela, mais quant à moi, plus d'un beau samedi matin m'a été gâché par les jugements impressionnistes de chroniqueurs qui ne se nourrissaient que très chichement de faits. Je me prenais à me demander : qui est donc ce crétin qu'ils décrivent ? Serait-ce vraiment moi ? Tu finis presque par le penser. Je ne te suggère donc pas de te les aliéner en bloc, car ils ne se déjugent jamais, ont la plume leste et disposent d'espace et de temps illimités pour s'en servir. Tiens ! Serait-ce là un de ces conseils que je devrais commencer par suivre moi-même ?

Mon crédo, là-dessus, c'est que la presse doit respecter une éthique professionnelle qui l'astreint à rapporter des choses avérées, à ne pas sombrer dans le fait divers, dans les supputations. J'admire les journalistes qui s'informent, qui travaillent sans relâche, qui font des recherches rigoureuses, qui soulèvent de vraies questions. Je pourrais t'en citer beaucoup qui sont des exemples de professionnalisme et de talent.

En plus d'être intègre et compétent, le dirigeant politique doit respecter sa fonction. Celle de ministre ou de premier ministre a besoin d'une certaine distance. Comprends-moi bien. Je ne veux pas dire par là qu'il faille se tenir à l'écart de la population. Mais il faut, selon moi, s'abstenir de participer à des émissions de variétés. Quand un politicien va se faire enguirlander dans ce genre d'émissions, c'est inadmissible parce que ça dévalorise la fonction. Si tu exerces une fonction élective, tu dois te rappeler en tout temps qu'on t'a conféré un statut à ne pas laisser déprécier. Il ne s'agit pas de se penser plus « fin » que les autres. Un rôle institutionnel requiert un certain niveau de dignité, voilà tout. Un premier ministre peut et doit accorder des entrevues. Il peut aussi, bien sûr, être drôle, convivial. Cela ne signifie pas pour autant qu'il doive faire le joli cœur sur des plateaux remplis d'humoristes. Quand tu respectes ta fonction, tu ne dis pas à l'animateur et à ses invités : « On est des *chums*, tu peux me dire n'importe quoi, et moi je vais faire semblant que je trouve ça drôle. Tu m'insultes, mais je ris avec toi. Je fais partie de la *gang*. » Voilà ce que j'appelle banaliser la fonction. On est, tu en conviendras, bien loin des enseignements du *Fil de l'épée*, ouvrage dans lequel De Gaulle explique que l'autorité du chef a besoin d'un certain mystère.

J'espère ne pas t'ennuyer en m'attardant à la question des médias. Si j'insiste, c'est qu'elle est d'une importance cruciale. Combien de gens de qualité refusent de se lancer en politique par crainte de passer sous les fourches caudines des journalistes ? J'en ai vu à la dizaine, des jeunes avocats brillants ou des gens d'affaires compétents qui auraient pu se lancer en politique. Mais ils sont terrorisés à l'idée d'affronter les médias. En un sens, je les comprends. Quand tu lis certains chroniqueurs-blogueurs, l'envie peut te prendre de te sauver en courant. Ça tire dans toutes les directions, ça dit n'importe quoi, sur tous les sujets. Et sermonneurs, avec ça ! Ce sont les nouveaux curés. Mais ceux d'autrefois ne montaient en chaire qu'une fois par semaine. Eux, c'est tous les jours et même plus souvent encore.

Je dis tout de même aux jeunes qui entrent en politique qu'il faut parler aux médias : on ne peut pas vivre sans eux. Je leur recommande la prudence, simplement. Il ne faut pas avoir peur des journalistes, mais décider, dans toute la mesure du possible, du moment où on va leur parler. On me dit parfois, quand je gère un dossier, qu'il faut « communiquer ». Je réponds toujours : « On communiquera quand on aura quelque chose à dire. »

Quatrième lettre

IL FAUT LIRE, T'INFORMER, CONNAÎTRE TON HISTOIRE

Le danger, dans cet exercice épistolaire auquel je me prête, c'est de te donner l'impression que je blâme l'inaction des jeunes et que j'idéalise les générations précédentes, dont la mienne évidemment. Il n'en est rien. Je veux que tu me comprennes. Je me pose simplement la question parce qu'elle est importante : les jeunes sont-ils capables de s'intéresser à nouveau à la politique ? Et je réponds que j'en suis convaincu.

On voit grand quand on est jeune et on exige beaucoup de soi-même et des autres. On sait qu'on a toute sa vie à vivre. Seulement, le temps passe et il passe vite. Il est facile de le gaspiller. Tu t'éveilleras un bon matin en réalisant que tu as quarante ans, et tu te demanderas où sont passés tes vingt ans. Puis, ce sera la cinquantaine, et les autres dizaines qui se succéderont à un rythme effréné.

Il ne faut donc pas trop lambiner avant de se mettre en marche, car l'engagement mûrit dans la durée.

L'engagement politique se prête mal à l'improvisation. Tu dois lire, t'informer, apprendre l'histoire, ancienne et récente, aller à la rencontre des personnes qui ont marqué leur époque et donné un sens à leur destin. C'est une astreinte à laquelle on doit se prêter tout au long de sa vie. Il y a quelque temps, je me suis mis à relire l'histoire du Québec. J'ai pris pleine conscience du traumatisme que fut la Conquête. Quand je pense que des historiens ont tenté, récemment, de nous faire croire qu'elle n'a jamais eu lieu. Celle-là, je ne peux pas la digérer. Je t'invite à relire le récit de cet épisode tragique de notre histoire dont on ressent encore aujourd'hui les conséquences.

Je partage le constat de ceux qui déplorent l'état de l'enseignement de l'histoire au Québec. Il me semble qu'on devrait moins disputer de points de détails sur les méthodes et commencer tout simplement par enseigner davantage la matière. Il y a tant de courants historiques, tant de personnages inspirants qu'on laisse ignorer aux jeunes. L'histoire du Québec, pour ne mentionner qu'elle, est peuplée d'immenses acteurs que chacun devrait connaître : les Papineau, Mercier, Godbout, etc.

Ce n'est pas un hasard si je nomme Adélard Godbout : combien de finissants du secondaire ou du cégep savent que, durant la seule année 1940, ce premier ministre a fait adopter quatre lois fondamentales : la première a accordé le droit de vote aux femmes, la deuxième a rendu les études obligatoires jusqu'à quatorze ans et a décrété la gratuité scolaire au primaire, la troisième a reconnu formellement aux travailleurs le droit de se regrouper en syndicats tandis que la quatrième créait Hydro-Québec. On s'est habitué à tout cela, mais à l'époque, ces lois ont fait entrer le Québec dans un nouvel univers social et économique. Ces contributions à l'évolution du

Québec (et il y en a eu bien d'autres) mériteraient que l'on ajoute quelques heures au programme, non ?

Je me félicite tous les jours d'avoir été formé à l'époque où les pédagogues patentés ne sévissaient pas encore. On ne faisait pas tant de manières pour nous raconter l'histoire, diriger des lectures, débattre de différents points de vue et nous laisser former notre opinion. Une fois qu'on a éveillé la curiosité des jeunes, on peut faire confiance à leur désir d'apprendre.

Quand on se penche sur l'enseignement de l'histoire au secondaire et au collégial, il ne faut pas se limiter à l'examen des programmes. On doit prendre en considération l'engagement et l'attitude des enseignants. Mes fils ont eu la chance d'être sensibilisés à l'histoire par un extraordinaire professeur. La passion d'André Champagne a fait merveille. Des enseignants comme lui, il en faudrait davantage.

Les carences de l'enseignement de l'histoire contribuent de toute évidence au désintérêt envers la politique. Si tu demandais à un jeune de vingt ans de t'expliquer ce en quoi consistait l'Accord du lac Meech, j'ai bien peur qu'il en serait incapable ; même chose pour le rapatriement unilatéral de la Constitution, au début des années 1980. Ce sont pourtant des points charnières de notre histoire contemporaine. Comment peut-on comprendre la situation politique du Québec et du Canada sans connaître ces deux épisodes somme toute assez récents ?

Je m'inscris en faux, par ailleurs, contre ceux qui blâment l'internet et les nouvelles technologies pour le peu d'attrait des jeunes pour l'histoire, la politique et la vie publique. L'internet, c'est tous les grands musées, toutes les grandes bibliothèques. C'est une mine extraordinaire pour quiconque se passionne pour les idées, les mouvements et les événements qui nous ont façonnés. Notre avenir ne passe certainement pas par la négation des bienfaits de la technologie.

Si j'insiste sur la nécessité, pour les jeunes et les moins jeunes, de s'intéresser à la chose publique, c'est parce que je suis d'avis que plus un citoyen est informé, plus il est apte à développer son sens critique et plus il est en mesure de se distancier du superficiel et de la pensée magique. Seul un intérêt nourri et l'indépendance d'esprit permettent de participer aux grands débats qui animent notre société. Le retrait des élites et l'indifférence d'une grande partie de la population pour la politique ont creusé un vide que s'empressent de remplir les activistes et les groupes de pression. C'est souvent tout ce que les médias ont à se mettre sous la dent.

Plus tu te renseigneras, mieux tu seras armé pour défendre tes opinions – et pour résister aux modes. C'est ce qu'on appelait autrefois le sens critique, ce qui empêche de suivre les autres à la queue leu leu, sans lever la tête.

Quand tu es en politique, il est inévitable qu'on réagisse mal à certaines de tes décisions. L'important est de t'y préparer par une mûre réflexion et une analyse serrée des différents points de vue. Tu t'en trouveras ensuite beaucoup plus solide et persistant dans ta résolution. Tu dois être constamment animé par la certitude que tu finiras par faire accepter tes décisions. Il y a des chances qu'elles comptent parmi tes meilleures, puisque tu les auras prises en te libérant des idées reçues et des sondages. Les vents ne soufflent pas toujours du côté de l'intérêt public.

Ne te fais pas trop d'illusions sur la qualité de l'argumentation de tes détracteurs. Très souvent, tu verras, tes opposants ne discuteront pas du contenu de tes politiques, mais s'attaqueront plutôt à ta personne. Pour moi, cette crainte du débat de fond, c'est la preuve d'un manque de confiance dans le bien-fondé de leur contestation.

Comme tant d'autres, nous, Québécois, sommes parfois craintifs face à l'inconnu. Les gens qui ont érigé le Golden Gate à San Francisco ou qui ont effectué les premiers alunissages, ils ont foncé, même si de tels exploits comportaient d'énormes risques. Nous, on ne fonce pas beaucoup ces temps-ci.

Tu me demandes si j'aime les Québécois ? C'est curieux, il y a quelques jours, mon fils Simon m'a interpellé sur ce sujet : « Tu es dur, papa, envers les Québécois. » Je l'ai invité à préciser sa pensée. « Quand tu cites des statistiques pour prouver qu'ils travaillent moins que d'autres, je me demande si tu les aimes. » J'ai répondu : « C'est justement parce que je les aime que je peux te sembler dur. » Aimer quelqu'un, ce n'est pas lui dorer la pilule. J'aime profondément les Québécois. Ils ont des qualités fantastiques, la convivialité, la générosité et surtout, infiniment de talent. Ils ont été, dans leur histoire, très travaillants et très courageux. C'est ainsi qu'ils ont construit ce Québec dont vous allez hériter.

Tu te diras peut-être que les Québécois sont difficiles à comprendre. Je ne peux pas nier qu'ils ont des réactions parfois mystérieuses, comme lors des élections fédérales du 2 mai 2011. Pourquoi ont-ils voté en masse pour le NPD, un parti qui n'a jamais perdu de sommeil pour les aspirations québécoises ? Les néo-démocrates ont toujours été des centralisateurs. Alors pourquoi les appuyer ?

Il y avait sans doute une lassitude de l'électorat à l'endroit du Bloc québécois, et une fatigue dans le Bloc lui-même. Ce n'est pas Gilles Duceppe qui était visé, mais bien le parti. Gilles, les gens ne le détestent pas. Au contraire. Mais la fatigue, après vingt ans passés dans la fosse aux lions à Ottawa, ça peut se comprendre.

La conjoncture a précipité les choses. Et puis, c'est vrai que Jack Layton était très sympathique. Mais je ne pense pas que les Québécois ont collectivement opté pour un parti socialiste, je ne crois pas qu'ils ont délibérément fait volte-face. Se tourner aussi massivement vers le NPD et ses candidats qui sont, pour la majorité, des inconnus, c'était une autre façon de voter blanc.

Comme à d'autres observateurs, il me semble que de nombreux Québécois ont perdu leurs repères. Et ça remonte à bien avant mai 2011. Où s'en va-t-on, collectivement ? S'il y a une tâche qui presse, c'est de redéfinir nos références identitaires, de redécouvrir nos idéaux collectifs.

Que reste-t-il quand le rêve de la souveraineté s'estompe, qu'il n'est plus aussi mobilisateur ? Tu peux sans doute voir que ma génération est en panne de mythe collectif. Ce n'est plus le syndicalisme, comme ça l'a été à une certaine époque. Ce n'est pas non plus l'Église. Et ce n'est plus l'État-providence. Alors quoi ? L'heure est à la recherche de ce nouvel idéal.

Les anciens modèles sont d'autant plus désuets qu'ils ne collent pas à la nouvelle réalité démographique et culturelle du Québec. Notre nation s'est diversifiée par de multiples apports. Comme toi, sans doute, mes fils côtoient depuis le début de leurs études des camarades et des amis de toutes origines. Vous avez intégré ces transformations à votre mode de vie et à vos réseaux de relations personnelles. Les débats sur la laïcité et sur les rapports interculturels ne vous perturbent pas. La tolérance et l'ouverture aux autres vous viennent naturellement.

Vous êtes par conséquent beaucoup plus en mesure que vos prédécesseurs de définir le principe moteur de cette nouvelle société à venir. Mais quel est-il ? L'idée de préparer un avenir pour nos enfants ? L'éducation ? Les Québécois ne semblent pas s'en préoccuper autant qu'auparavant (pourtant, c'est encore important, non ?). Parler de « promotion économique », c'est intéressant mais un peu court et pas très motivant. Un slogan axé sur le développement du Québec, dans le sens du plein épanouissement du talent dont nous regorgeons, serait déjà plus stimulant. À toi et à ta génération de nous le dire, mais le thème de la relance doit forcément se tourner vers l'avenir, car l'avenir – excuse-moi d'insister –, c'est votre affaire à vous.

La question est posée : où veut-on aller, et quels moyens doit-on prendre pour y arriver ? Si, par exemple, on s'entend pour se donner un objectif commun, la nécessité s'ensuivra d'investir dans l'éducation, de bonifier notre régime de santé, de concilier le développement économique avec la protection de l'environnement, de mettre de l'ordre dans nos finances publiques. Tout s'enchaînera naturellement.

Tu te rendras compte très vite que nous partons de loin. Depuis un demi-siècle, nous avons appris à nous reposer sur l'État pour à peu près tout. Maintenant que nous l'avons surchargé de responsabilités, d'emprunts et de dépenses, nous voici enlisés. Nous attendons un nouveau souffle et j'en suis venu à croire qu'il viendra forcément des jeunes. D'où l'importance de vous mobiliser. C'est vous qui devez intervenir, décider où aller. Au fait : je ne me résignerai jamais à croire ces prédictions voulant que beaucoup parmi vous songeront à partir aux États-Unis ou ailleurs. Je sais que vous aimez le Québec. Là sont plantées vos racines profondes. C'est un endroit formidable pour vivre, un beau pays qui sera demain ce que vous en ferez.

Nous disposons de beaucoup d'atouts. Songe en particulier aux relations conviviales que nous entretenons, au climat de sécurité qui règne ici. Souviens-toi qu'au référendum de 1995, plus de 95 % des gens se sont prévalus de leur droit de vote. La question entrait dans la chair vive, enfonçait un coin dans nos allégeances profondes. Mais tout s'est déroulé dans la paix, sans aucun incident violent. Dans quel autre pays verrais-tu ça ? On est capables de grandes choses, à la condition de mettre nos énergies ensemble pour en faire un moteur de l'action collective. Mais voilà le hic : nous devons parvenir à un consensus sur l'essentiel.

Redécouvrir la fierté québécoise, créer un enthousiasme collectif, voilà la tâche qui t'attend. Je souhaite que le Québec aille de l'avant, que les projets se multiplient et qu'on les mène à terme... en respectant les budgets et des échéanciers ! Au cours des travaux que j'ai présidés à la tête de la Société du Havre, nous avons identifié plusieurs projets dont un centre de divertissement (incluant salle de spectacles et casino) et une centrale hydroélectrique de 372 mégawatts construite au fil de l'eau, le long du pont de la Concorde. Ces réalisations auraient relancé la zone dévastée qui borde le Saint-Laurent tout au long de l'autoroute Bonaventure. Mais les opposants à ces projets ont eu gain de cause et rien n'a pu se faire.

Je crois à la nécessité de retrouver dans l'harmonie une certaine robustesse collective quand vient le moment de prendre des décisions de développement, entre autres, face aux groupes de pression. Quand je rencontrais des manifestants devant l'Assemblée nationale à Québec, je respectais leur point de vue mais je tâchais de ne pas oublier l'ensemble des citoyens qui ne peuvent faire entendre leurs voix, ne bloquent pas la circulation, ne renversent pas de voitures. Le gouvernement doit savoir dire non à la rue. Après tout, c'est lui qui a été élu et qui s'est vu confier la responsabilité de faire prévaloir l'intérêt public.

Malheureusement, la déconsidération envers le rôle des élus crée justement le vide civique où un sentiment d'impuissance à changer les choses fait naître la tentation de la désobéissance civile. Or, pour qui souhaite le renouvellement d'une société de droit, il n'y a pas de substitut aux débats publics et à la démarche politique. La démocratie n'est pas un menu à la carte. Dès lors qu'on s'attribue la faculté de distinguer des autres les règles qu'on entend ne pas respecter, on se condamne aux impasses, au détournement des institutions et au désordre social. Une seule brèche ouverte dans l'intégrité des lois en autorise d'innombrables, au gré des intérêts de chacun mais à l'encontre de l'intérêt public. Dans une société démocratique comme la nôtre, la promotion d'aucune cause ne se justifie en dehors de la légalité. Bien sûr, on peut changer les lois ; c'est le vote, l'engagement politique et l'exercice de responsabilités électives qui le permettent.

Bien que la communication moderne se trouve facilitée par les médias sociaux, toute entreprise d'implication et de mobilisation politique durable continuera de requérir une suite d'efforts organisés et persistants. L'éditorialiste du *New York Times* Thomas Friedman citait récemment un commentaire du politologue Francis Fukuyama à propos de ces jeunes gens courageux qui ont ébranlé la dictature de Moubarak en Égypte, et qu'on a parfois appelés la génération

Facebook. Fukuyama constatait que les résultats à long terme de leur implication avaient été décevants : Facebook peut émettre des éclairs de lumière intenses, mais ceux-ci ont tôt fait de se dissiper.

Pour en revenir à la cause de l'environnement, n'en déduis pas pour autant que j'y suis insensible. Bien au contraire. J'ai été ministre de l'Environnement dans le gouvernement Mulroney et, à ce titre, c'est moi qui ai conçu le Plan vert et en ai amorcé l'exécution (Jean Charest l'a poursuivie). Si tu veux bien me passer ce petit élan de vanité, j'ajouterai aussi que l'environnementaliste David Suzuki a affirmé publiquement que j'avais été un excellent ministre de l'Environnement.

Crois-moi, cela n'a rien à voir avec les bons mots qu'il a eus envers moi, mais voilà justement un homme intelligent, avec qui on peut avoir un dialogue civilisé. Je crois que l'on peut, que l'on doit harmoniser les préoccupations de tous les intervenants dans une véritable politique de développement durable. Il s'agit d'abord de faire s'asseoir ensemble des interlocuteurs de bonne foi.

Cinquième lettre

LES GRANDS DISCOURS NAISSENT DES GRANDS MOMENTS

Je t'ai déjà dit avoir longtemps résisté aux offres que l'on me faisait d'entrer en politique. Les premiers flirts remontent à la fin des années 1960. À cette époque, j'étais un sympathisant du Parti libéral du Canada et l'entrée en politique de Pierre Elliott Trudeau me réjouissait. Ne sursaute pas ! Je n'étais pas seul à réagir de cette façon. Une forte majorité de Québécois l'appuyaient. Rappelle-toi que Trudeau incarnait le progrès et une forme de nationalisme. Il donnait à entendre qu'il allait promouvoir à Ottawa les intérêts du Québec et se battre pour donner droit de cité à la langue française au fédéral. Nous étions nombreux à voir avec fierté certains de nos meilleurs éléments investir Ottawa. Pour une fois, nous disions-nous, le Québec envoyait des représentants du meilleur niveau. Je pense en particulier au syndicaliste Jean Marchand, un orateur passionné, d'une grande intégrité et d'une profonde intelligence, que j'admirais au plus haut point. Gérard Pelletier était un intellectuel engagé. Trudeau était Trudeau, flamboyant, sans peur et vacciné contre le conformisme. Avec Trudeau, Marchand et Pelletier, les « trois colombes », il me semblait qu'on portait au pouvoir des hommes bien préparés, instruits et solides, qui avaient la volonté de représenter le Québec avec force et courage. Mes premiers discours partisans, je les ai d'ailleurs prononcés pour le candidat libéral dans Chicoutimi, aux élections fédérales de 1968. J'ai même été vice-président de la Commission politique de l'aile québécoise du PLC.

Et puis, en 1970, quand Robert Bourassa a pris la direction du Parti libéral du Québec, on m'a approché afin que je me porte candidat dans Chicoutimi. Je n'avais que six ans de pratique du droit, mais j'avais la témérité de me considérer comme un plaideur qui avait commencé à faire sa marque. J'ai refusé la proposition qu'on me faisait. Mais j'ai tout de même fait campagne à titre de responsable des communications pour le candidat du PLQ, Adrien Plourde, un syndicaliste de la CSN très connu dans la région, ce qui, du reste, ne l'a pas empêché d'être défait.

Mon chemin de Damas, ce fut la crise d'Octobre. C'est à ce moment-là que tout a basculé, que je suis devenu souverainiste. Comment Trudeau avait-il pu ainsi renier des idéaux démocratiques que je croyais sincères pour faire adopter sa sinistre loi sur les mesures de guerre ? D'un autre côté, je désavouais inconditionnellement le FLQ. L'assassinat de Pierre Laporte et l'enlèvement de Richard Cross m'ont horrifié. Il était impératif que leurs auteurs répondent de leurs crimes devant la justice. Ce qui m'a proprement scandalisé, c'est l'incarcération sommaire de centaines d'autres personnes, sans l'ombre d'un acte d'accusation. Lorsque, quelques mois plus tard, on les a libérées, c'est sans aucune indemnisation, sans la moindre lettre d'excuses.

Le « deux poids, deux mesures » me révolte. On dirait que l'histoire a tout pardonné à Trudeau et à ses ministres du temps. Si un premier ministre souverainiste avait fait une chose semblable, on aurait probablement tenté de le jeter en prison. Il aurait été conspué, renié. On en parlerait encore avec dédain. Et ces gens-là, Trudeau et ses ministres, s'en sortent indemnes. Il n'y a jamais eu d'excuses pour cet épisode digne des régimes autoritaires. Quoi qu'il en soit, c'est à cette époque que je suis devenu souverainiste et que je me suis rapproché des péquistes. En 1973, j'ai travaillé activement à la campagne de mon ami Marc-André Bédard, qui a été élu. Mon engagement au Parti québécois avait choqué mes associés. Je quittai donc à regret le cabinet où j'œuvrais depuis mes débuts pour fonder mon propre bureau.

En 1976, René Lévesque m'a fait venir à Montréal pour m'inviter à me présenter sous la bannière du Parti québécois dans Jonquière. Il m'avait convié dans un restaurant de l'est de Montréal. Là encore, j'ai décliné l'invitation. Je refusais de céder au chant des sirènes parce que je me définissais avant tout comme un avocat praticien. Le cabinet que j'avais fondé trois ans plus tôt avait pris son envol. J'aimais ma profession.

Bien plus tard, en 1984, j'ai encore dit non, cette fois-ci à Brian Mulroney. Mon ancien condisciple de la Faculté de droit souhaitait que je pose ma candidature dans la circonscription de Chicoutimi.

J'aurai donc dit non à Robert Bourassa, à René Lévesque et à Brian Mulroney. Ce n'est qu'en 1988, à quarante-neuf ans, que j'ai finalement consenti à franchir le Rubicon.

Je me souviens très bien des circonstances. Brian Mulroney, qui m'avait nommé ambassadeur du Canada à Paris trois ans plus tôt, m'a fait venir à Bruxelles, où il séjournait pour une réunion de l'OTAN. Les choses se corsaient pour lui. À six mois des élections générales, il menait une vive bataille pour faire ratifier l'Accord du lac Meech et l'Accord de libre-échange nord-américain. Seule la réélection de son gouvernement lui permettrait d'y parvenir. Le premier ministre estimait devoir prouver qu'il pouvait encore faire élire un député au Québec. Si j'ai accepté son invitation, c'est par amitié, mais aussi pour aider à la ratification de « Meech », que j'ai appuyé dès le début. Je suis donc rentré pour devenir secrétaire d'État et me porter candidat dans Lac-Saint-Jean-Est à l'élection complémentaire de juin 1988, qui devait précéder de peu les générales.

Oui, je t'entends : quarante-neuf ans, ce n'est plus de la première jeunesse. Pourquoi avoir tant attendu pour faire acte de candidature formelle ?

D'abord, ce n'est pas comme si j'avais boudé l'engagement politique : depuis la fin de mon adolescence, l'histoire et la politique me passionnaient. Je me suis activé très tôt, en travaillant à l'organisation de campagnes électorales, en rédigeant des discours et en prenant moi-même la parole, notamment lors du référendum de 1980.

À l'université, j'ai connu la vie de parti. On m'a d'ailleurs reproché d'en avoir changé souvent. Mon père nous a élevés en évoquant souvent la ferveur que lui inspirait Maurice Duplessis. Il nous disait qu'il rédigeait lui-même toutes les lois et que la lumière de son bureau ne s'éteignait jamais. Étudiant à Laval, je pris ma carte de membre du Parti libéral puis, en 1971, à l'occasion d'une visite de Jacques Parizeau à Chicoutimi, celle du Parti québécois. En 1988, j'adhérais au Parti progressiste conservateur, version Mulroney, qui était bien différente de celle de Stephen Harper (Brian Mulroney a été de loin le premier ministre fédéral le plus sensible au nationalisme québécois). Plus tard, je fondais le Bloc québécois. Tu me diras que mon parcours a été assez mouvementé. J'en conviens, mais c'est aussi le cas pour la majorité des Québécois. Je te ferais remarquer que ce fut aussi celui de René Lévesque, qui a été libéral avec Jean Lesage, avant de fonder le Parti québécois, puis d'inspirer le « beau risque » que j'ai assumé au sein du gouvernement conservateur. En fait, j'aime penser que j'ai toujours suivi un fil conducteur, celui de ma perception des intérêts du Québec.

Tu m'accorderas aussi que toutes ces années de réflexion et d'action publique, conjuguées à mes activités professionnelles, m'ont pourvu d'un bagage de vécu qui m'a été bénéfique lors de mon entrée dans l'arène élective.

L'engagement auquel je t'invite n'est pas forcément de te présenter tout de suite devant l'électorat. Il s'agit d'abord de travailler à fonder ton implication citoyenne sur l'information et la participation. On ne peut demander à tout le monde de solliciter un rôle d'élu. L'important c'est qu'il y ait plus de jeunes soucieux de la chose publique, de façon à former une masse critique d'où émergeront les leaders de demain.

Tu dois en être bien conscient : les débuts en politique sont difficiles. Moi-même, je me pensais très averti des affaires de l'État, puisque j'avais été actif de toutes les façons dans l'arrière-boutique. L'avant-scène, c'est tout autre chose. L'organisation, le contact avec le public et les discours : tout cela est un métier, tu le verras très vite. Et il s'apprend sur le terrain, à coups d'erreurs et de maladresses.

Parce que j'étais devenu un bon plaideur, je m'imaginais que j'allais maîtriser instantanément l'art du discours politique. Or, un discours politique, c'est totalement différent d'une plaidoirie, où les règles maîtresses sont la rigueur et la sobriété. En politique, il faut que tu établisses avec les gens une communication fondée sur le rationnel, mais portée par la passion. Tu dois faire rêver tes auditoires, les mettre en mouvement. Ce n'est pas évident, je te l'assure. Mes premiers discours aux Communes ont été médiocres.

Je connaissais l'importance que revêt la première intervention en Chambre dans la tradition parlementaire britannique. On l'analyse, on la décortique. Eh bien, mon discours inaugural a été une catastrophe. Je n'ai rien trouvé de mieux que de faire étalage de ma culture gréco-latine. Ça n'allait pas du tout.

J'avais tout faux, parce que la plupart des députés présents ne nourrissaient pas un intérêt délirant pour le Parthénon et la Grèce antique, dont j'avais cru opportun d'exalter les mérites. Je n'avais pas le ton. Tu verras : il faut du temps avant d'acquérir une certaine maîtrise de l'art du discours politique.

Lors de ma première campagne électorale, dans la circonscription de Lac-Saint-Jean-Est, j'ai dû me faire violence. J'avais beau avoir plaidé devant toutes les instances et, dans l'exercice de mes fonctions d'ambassadeur, avoir rencontré les grands de ce monde, j'étais – et je demeure – une personne plutôt réservée.

Il me fallait lutter contre ma nature profonde. Ce sera peut-être ton cas, mais tu verras, on peut s'y faire.

On me disait : « Ce soir, on va aller "faire" la Brasserie Mario Tremblay. C'est très populaire, le samedi soir. Tu vas passer à toutes les tables et saluer les gens. » J'avais beau protester, rien n'y faisait. Je disais à mes organisateurs : « Mais je ne les connais pas, ces gens-là ! », pour les entendre me rétorquer : « Justement. Raison de plus pour les rencontrer. » Difficile de les contredire. Alors je fonçais, en combattant ma timidité.

Une fois chez Mario, tu arrives à une table, tu te présentes aux convives et tu leur tends la main. Je te rappelle que ce ne sont pas toujours des partisans. Tu fais ton boniment : « Bonjour, je m'appelle Lucien Bouchard, je suis candidat, je vous demande de penser à moi le jour des élections. » Certains mangent en tête-à-tête et tu sens que tu les importunes en t'immisçant dans leur intimité. Certains acceptent de te donner la main, d'autres refusent. Un métier qui s'apprend, disais-je. Je ne sais pas si tu es comme moi, mais me faire publiquement refuser une main tendue, ça fait monter ma pression.

La télévision a conservé pour la postérité un incident du genre survenu en 1996, le jour de ma première élection comme député de Jonquière, quelques semaines après mon assermentation comme premier ministre. Je faisais le tour d'un bureau de scrutin et distribuais les poignées de mains aux représentants des partis. Le libéral se complut à refuser ma main, prenant sans doute plaisir à le faire devant les caméras de télévision. Tout le monde au Québec put donc assister le soir à ma déconvenue et, pire encore, au mouvement de colère que je ne pus réprimer.

J'ai aussi fait campagne sur les plages du lac Saint-Jean, puisque l'élection avait lieu le 20 juin. Tu vois d'ici la scène. Tu dénoues ta cravate, tu marches dans le sable avec tes chaussures du dimanche, tu t'approches d'une dame en bikini et tu lui serres une main enduite de crème solaire. Ce n'est pas toujours agréable, mais tu dois jouer le jeu. Je t'avoue que cet aspect de la politique ne me venait pas naturellement. Malgré tout, j'ai été élu, en 1988, avec une bonne majorité.

Cette première campagne a été d'autant plus difficile que je venais de passer trois années en France, où j'avais été choyé. Le temps d'un mandat d'ambassadeur, on s'habitue à l'intensité et à l'ampleur de responsabilités qui vous mettent en contact avec des gens fascinants. Le choc est brutal quand on débarque dans la joute électorale. Mon adversaire d'Alma disait que j'étais le « suppôt de la haute finance » de la rue Racine à Chicoutimi, avec la même indignation que si j'avais été dépêché par Wall Street. Comme je parlais beaucoup de l'Accord du lac Meech, je me suis fait répliquer : « Dites-nous plutôt ce que vous allez faire pour le Lac-Saint-Jean ! »

Avec le temps, on s'aguerrit. Quand tu aimes les gens, tu parviens à les rejoindre. Un détail : certains politiciens ont le regard fuyant et serrent machinalement la main des électeurs. Ça leur nuit considérablement. Arrête-toi plutôt devant la personne, donne-lui une solide poignée de main, regarde-la droit dans les yeux et échange quelques mots avec elle. Parfois, tu sens s'établir une véritable communication.

Communiquer avec ses commettants, ça s'apprend. L'éloquence, en politique, c'est avant tout établir un lien avec les auditeurs. À l'usage, tu finiras par posséder les trois ingrédients essentiels de tout message : la simplicité, la clarté et la sincérité. Si tu manques d'authenticité, les gens le sentiront d'emblée. Je t'en prie, ne me demande pas de te dire les noms de politiciens qui en manquent !

Si mon élection a eu une heureuse conclusion, il n'en a pas été ainsi de mes premiers pas dans mes fonctions ministérielles. Les choses ne se sont pas très bien passées avec Brian Mulroney. C'était une combinaison qui ne pouvait pas fonctionner : je suis un nationaliste québécois. Lui aussi. Mais il était également le premier ministre du Canada...

La première secousse s'est produite très tôt. Alors que j'étais secrétaire d'État, j'ai été confronté à des crises linguistiques en Saskatchewan et au Québec. Dans le cas de la Saskatchewan, la législature avait annulé la loi qui, selon un jugement de la Cour suprême du Canada, l'obligeait à traduire en français tous ses textes législatifs. Brian Mulroney, dans son rôle de protecteur des minorités, fit parvenir à son homologue provincial une semonce lui intimant de traduire les lois en français. Après un bras de fer, la province finit par s'exécuter ; avec l'aide financière du fédéral, il est vrai.

C'est dans ce contexte que, quelques mois plus tard, nous eûmes à gérer une autre crise, celle-là déclenchée par le jugement de la Cour suprême qui invalidait les dispositions de la « loi 101 » sur l'affichage unilingue au Québec. Robert Bourassa refusa d'obtempérer. Il prit la décision de recourir à la clause « nonobstant » pour mettre à l'abri de la Cour suprême le maintien d'une partie des dispositions déclarées anticonstitutionnelles. Dans l'esprit du fédéralisme canadien, il était impératif que le premier ministre Mulroney envoie à Robert Bourassa une réprimande similaire à l'admonestation qui avait été expédiée à Grant Devine. Je fis connaître ma dissidence, allant ainsi à l'encontre de l'ensemble du Cabinet et de la volonté expresse de Brian Mulroney, à qui j'annonçai mon intention de démissionner s'il signait la lettre. Après quelques jours d'intenses discussions, il estima devoir reculer, avec les conséquences que tu peux imaginer sur la qualité de mes relations avec lui et mes collègues ministres. Ne va pas croire que j'ai trouvé agréable de faire ainsi perdre la face à mon ami et de m'exposer à tous les problèmes que j'encourais en tant que membre du Cabinet.

J'ai été beaucoup plus heureux quand j'ai pris la barre du ministère de l'Environnement, en 1989. J'ai fait adopter le Plan vert, qui prévoyait des investissements en matière environnementale de l'ordre de cinq milliards de dollars en cinq ans. Le premier ministre m'avait donné l'assurance de cet engagement budgétaire. Je te l'ai dit : j'avais alors des relations très harmonieuses avec les environnementalistes, qui étaient globalement très satisfaits de mon Plan.

Je ne te cacherai pas qu'il m'en a coûté de remettre ma démission en mai 1990. Finalement, j'avais tout lieu de me réjouir de mes succès au ministère de l'Environnement et même au sein du Conseil des ministres, où je m'étais reconstruit une crédibilité et assuré de précieuses alliances. C'est le désastre du rejet de Meech qui fit tout basculer. Je ne pus me rallier à l'accord dilué que, faute de mieux, le gouvernement Mulroney tenta de faire passer. C'est une longue histoire que j'ai racontée dans *À visage découvert.* Il suffira de dire ici que c'est le cœur dans les talons que je coupai les liens avec le gouvernement et la députation conservatrice pour « traverser » la Chambre des communes et siéger comme député indépendant. Cela signifiait aussi une rupture avec tout un réseau d'amis et de proches et un plongeon sans filet. J'ai su alors à quel point la politique peut être cruelle. Ne t'imagine pas que, parce que la politique est un métier, les ennuis qu'on y éprouve se limitent au registre professionnel. En vérité, il est de ces déboires politiques qui touchent au plus intime et vous infligent des blessures inguérissables ; c'est une véritable épreuve personnelle.

Malgré le drame que je vivais, j'ai dû, deux jours après ma démission, livrer un discours qui s'est avéré l'un de ceux qui m'ont le plus marqué : c'était devant la Chambre de commerce de Montréal, le 23 mai 1990. J'ai reçu une ovation debout de plus de trois minutes d'un auditoire largement composé d'hommes d'affaires fédéralistes. Je n'en croyais pas mes yeux. C'était un moment de tension extrême. Je me rappelle avoir parlé de mon grand-père « dret comme l'épée du Roi » et de mon père. Ça m'est venu comme ça, spontanément. Je n'avais pas de texte, tout a remonté en moi et j'ai exprimé mes émotions.

Il est vrai que j'avais acquis, au cours des deux années précédentes, une bonne expérience de l'expression publique. J'avais perdu une partie de mes inhibitions – tu verras, elles ont la vie dure. Il faut s'abandonner, oublier qu'il y a des caméras, des micros, et parler franc. Puis-je signaler que je venais de traverser une dure période, très stressante ? C'était une catharsis. Tout sortait. J'exprimais des émotions que bien des Québécois éprouvaient. En cela, sans que je m'en rende vraiment compte, mon cri était peut-être celui d'un peuple entier. En essayant de renouveler le fédéralisme, j'étais allé au bout du « beau risque » de René Lévesque. Les Québécois n'aiment pas plus que moi se faire refuser la main qu'ils tendent.

Tu ignores peut-être que j'avais rédigé le célèbre discours de Sept-Îles, prononcé par Brian Mulroney durant la campagne de 1984. C'est de là que l'idée de l'Accord du lac Meech a pris son essor. Au lendemain du coup de force du rapatriement de 1981, la conclusion de cet accord aurait permis au Québec d'entériner la Constitution de 1982 « dans l'honneur et dans l'enthousiasme » d'une réconciliation nationale. Ce discours établissait les paramètres de la contrepartie attendue du Canada anglais. Au fait, je précise que je ne me souviens pas d'avoir utilisé dans mon texte les mots « dans l'honneur et dans l'enthousiasme ». L'ajout, probablement attribuable à Brian Mulroney, a fait une belle carrière médiatique.

Comment ne pas aborder avec toi le référendum de 1995 ? Établissons d'abord un fait : je n'étais pas censé participer si intensément à la campagne. Ce n'est pas ce qui avait été prévu. Le premier ministre Jean Chrétien avait décidé que la Chambre des communes allait continuer à siéger durant la campagne. Il était donc convenu que je demeurerais à Ottawa et que je mènerais le combat pour le OUI comme chef de l'Opposition officielle, fonction que j'occupais à la suite de l'élection générale de 1993, où le Bloc québécois avait fait élire cinquante-quatre députés.

C'est après la première semaine de la campagne référendaire qu'on m'a convoqué à Montréal. Certains, au Parti québécois, croient encore aujourd'hui que c'est moi qui ai fomenté la chute de Jacques Parizeau. Il n'y a rien de plus faux. Le scénario originellement établi par le Parti québécois me faisait rester, durant la journée, à Ottawa. Après les travaux quotidiens de la Chambre des communes, je devais aller faire campagne sur les « routes de gravelle », comme on dit en politique. Jacques Parizeau devait surtout faire le tour des villes les plus importantes, dans l'autobus de campagne. Nous avions convenu de reproduire le modèle de l'élection du Bloc en 1993, où Jacques Parizeau nous avait solidement appuyés, notamment en parcourant modestement de son côté les « routes de gravelle », pendant que je dirigeais la tournée électorale principale. Une sorte de retour d'ascenseur, quoi !

Mais je vis bien, comme tout le monde, dès la première semaine, que la campagne référendaire battait de l'aile. À Chicoutimi, j'ai vu Marc-André Bédard, catastrophé devant la défaite qui s'annonçait, éclater en sanglots au moment de prendre la parole devant une salle consternée. Rien n'allait plus dans le camp souverainiste.

C'est à ce moment-là que je fus placé à la tête de la campagne. En plus, Jacques Parizeau m'a nommé à l'avance négociateur du Québec aux pourparlers qui suivraient une victoire du OUI. Le vent a tourné. Ce que je me rappelle, c'est qu'au cours des trois dernières semaines de la campagne, je me sentais exactement comme durant les jours qui avaient suivi ma démission, à Ottawa, en 1990. Je n'avais pas le temps d'écrire quoi que ce soit, et je parlais du cœur. J'étais dans cet état que les anglophones appellent le « flow », une espèce d'euphorie.

Dans ces moments de grâce, tu es porté par quelque chose de plus grand que toi. C'est inconscient. Tu es gonflé d'énergie, tu ne ressens pas la fatigue. L'adrénaline coulait à flots : elle m'était communiquée par les foules qui se massaient aux réunions.

Je me souviens que, d'un lieu de rassemblement à un autre, j'écoutais souvent dans l'autobus les discours de Churchill durant la Deuxième Guerre mondiale, notamment celui du 13 mai 1940 :

> *We shall fight on the seas and oceans, we shall fight with growing confidence and growing strength in the air, we shall defend our Island, whatever the cost may be, we shall fight on the beaches, we shall fight on the landing grounds, we shall fight in the fields and in the streets, we shall fight in the hills; we shall never surrender*[1]*...*

Et celui du 4 juin de la même année :

> *I would say to the House as I said to those who have joined this government: I have nothing to offer but blood, toil, tears and sweat. We have before us an ordeal of the most grievous kind. We have before us many,*

---

1. « Nous nous battrons sur les mers et les océans, nous nous battrons dans les airs avec une confiance et une force croissantes, nous défendrons notre Île quel qu'en soit le prix, nous nous battrons sur les plages, nous nous battrons sur nos terrains d'aviation, nous nous battrons dans les champs et dans les rues, nous nous battrons sur les collines. Nous ne nous rendrons jamais... »

many long months of struggle and of suffering... You ask, what is our aim? I can answer in one word: Victory. Victory at all costs – Victory in spite of all terror – Victory, however long and hard the road may be, for without victory there is no survival[2].

Tu ne peux pas tenir pareil langage dans une assemblée paroissiale! Sache que ce sont les grands moments de l'histoire qui font les grands discours. Un événement banal inspire des propos ennuyeux. Ces temps-ci, au Québec, il serait bien difficile de faire de grands discours; le climat est trop morose. Le politicien qui se lancerait demain dans de grands élans lyriques, il détonnerait.

Tu peux penser à d'autres discours marquants de l'histoire, comme celui que fit Abraham Lincoln le 19 novembre 1863, après la sanglante bataille de Gettysburg. Il est presque aussi connu aux États-Unis que la Déclaration d'indépendance. Mon épouse Audrey l'avait appris par cœur, à l'école, comme beaucoup d'Américains. C'était un tournant dans l'histoire de nos voisins. Le président participait à la cérémonie de consécration du champ de

---

2. « Je veux dire à la Chambre, comme je l'ai dit à chacun de ceux qui ont rejoint ce gouvernement, que je n'ai à offrir que du sang, de la peine, des larmes et de la sueur. Nous avons devant nous une route terriblement difficile. Nous avons devant nous de très longs mois de combat et de souffrances Vous demandez: quel est notre but? Ma réponse tient en un seul mot: la victoire. La victoire à tout prix; la victoire en dépit de la terreur; la victoire, quelque longue et difficile que puisse être la route qui nous y mènera – parce que sans la victoire, il n'y aura pas de survie. »

bataille où venaient de tomber plus de cinquante mille soldats de l'Union et de la Confédération. Il faut relire ce texte pour prendre conscience de toute sa charge émotive :

> *It is rather for us to be here dedicated to the great task remaining before us – that from these honored dead we take increased devotion to that cause for which they gave the last full measure of devotion – that we here highly resolve that these dead shall not have died in vain – that this nation, under God, shall have a new birth of freedom – and that government of the people, by the people, for the people, shall not perish from the Earth*[3].

La veille, Lincoln s'était retiré dans un camp de fortune pour terminer à la hâte le chef-d'œuvre d'éloquence de deux cent-soixante-six mots qu'est la *Gettysburg Address*.

Le discours que fit André Malraux lors du transfert des cendres de Jean Moulin au Panthéon, le 19 décembre 1964, est aussi à mon sens l'un des plus inspirants de l'histoire contemporaine. Malraux et le général de Gaulle se tiennent côte à côte aux portes du Panthéon, sous la pluie battante. De Gaulle est au garde-à-vous, stoïque sous l'orage. S'avance le cercueil

---

3. « Car c'est à nous, les vivants, de nous vouer à l'œuvre inachevée que d'autres ont si noblement entreprise ; à nous, pour honorer ces morts, de nous consacrer plus encore à la cause pour laquelle ils ont donné la mesure suprême de leur dévotion ; à nous de tout faire pour qu'ils ne soient pas morts en vain et qu'avec l'aide de Dieu, notre pays renaisse dans la liberté ; à nous d'assurer que le gouvernement du peuple, par le peuple et pour le peuple ne disparaisse jamais de la face du monde. »

de Jean Moulin, ce héros de la Résistance qui, soumis à la torture, est mort sans avoir parlé. On le déposera tout à l'heure dans la crypte, à côté de ses compagnons d'immortalité : Victor Hugo, Mirabeau, Jean-Jacques Rousseau, Marie Curie. C'est une scène saisissante, digne d'une tragédie grecque.

Malraux commence :

> ... Entre ici, Jean Moulin, avec ton terrible cortège. Avec ceux qui sont morts dans les caves sans avoir parlé, comme toi ; et même, ce qui est peut-être plus atroce, en ayant parlé ; avec tous les rayés et tous les tondus des camps de concentration, avec le dernier corps trébuchant des affreuses files de Nuit et Brouillard, enfin tombé sous les crosses ; avec les huit mille Françaises qui ne sont pas revenues des bagnes, avec la dernière femme morte à Ravensbrück pour avoir donné asile à l'un des nôtres. Entre, avec le peuple né de l'ombre et disparu avec elle – nos frères dans l'ordre de la Nuit... Aujourd'hui, jeunesse, puisses-tu penser à cet homme comme tu aurais approché tes mains de sa pauvre face informe du dernier jour, de ses lèvres qui n'avaient pas parlé ; ce jour-là, elle était le visage de la France.

On est loin du discours que j'ai rédigé pour Brian Mulroney, à l'occasion de l'inauguration d'élévateurs à grain à Baie Comeau. Inspire-toi des grands textes, mais souviens-toi : il n'y a pas de grand discours qui ait été prononcé pour une occasion banale.

Sixième lettre

CARACTÈRE ET JUGEMENT DEMANDÉS

Je veux attirer ton attention sur une exigence essentielle du combat politique : la force morale.

Personne ne s'attend à ce que tu sois surhumain. On peut bien citer en exemples les hommes et les femmes qui ont été les plus courageux, les plus audacieux, les plus tenaces, mais les preux chevaliers du Moyen Âge n'ont galopé que dans l'imaginaire. Dis-toi bien toutefois que ton engagement dans cette arène éprouvera tes capacités de constance et de résistance nerveuse. Tu devras t'efforcer d'afficher ce que John Kennedy prisait plus que tout : « *grace under pressure* ».

Si tu t'engages en politique, tu auras à défendre des positions impopulaires. Il te faudra une tête dure pour braver certains interdits et les diktats de la pensée unique. Je ne sais plus quel homme d'État romain disait : « Vous m'avez élu pour vous gouverner, non pour vous suivre. »

Du temps où j'étais avocat à Chicoutimi, je prenais régulièrement l'avion pour Montréal. Un soir que je rentrais de la métropole, il s'est trouvé que René Lévesque avait pris le même vol. Je ne l'avais pas remarqué. Ce n'est qu'à l'atterrissage, à Bagotville, que j'ai aperçu sa tête ébouriffée. En même temps, j'ai reconnu devant moi un notable de la région qui rentrait de Montréal avec un ami. Et voilà que je l'entends dire : « Tu as vu qui est là ? Le pouilleux à René Lévesque ». René Lévesque, à ce moment-là, c'était pour cet homme et beaucoup d'autres, réfractaires à ses idées, « le pouilleux ». S'il n'avait pas été prêt à se faire traiter ainsi, il n'aurait pas fait de politique.

Tu feras face aux mêmes épreuves. Ne va pas t'illusionner en pensant que tu te feras une cuirasse comme tous les autres politiciens. La vérité, c'est que personne n'a l'épiderme plus sensible qu'eux. C'est comme s'ils souffraient d'un manque d'affection et qu'ils étaient entrés en politique pour se faire aimer par le plus grand nombre. Ils rêvent tous de baigner dans l'adoration publique. Robert Bourassa m'a dit en soupirant, en aparté dans l'antichambre du Salon rouge où était exposée la dépouille de René Lévesque : « Les Québécois aiment René ; plus que moi, en tout cas ! »

La moindre piqûre d'épingle blesse les élus. Crois-moi, leur égo est couturé de cicatrices mal refermées. Alors que le lecteur moyen a oublié l'article méchant du journal de la veille, l'intéressé, lui, s'en souviendra longtemps. Autrement dit, prépare-toi à passer de mauvais quarts d'heure et à panser les plaies de ton amour-propre.

Il t'en faudra, de la force de caractère, pour surmonter le manque de respect, les critiques acerbes et les attaques personnelles.

Ce sera plus difficile encore si des membres de ta famille sont pris pour cible. Je sais de quoi je parle.

En pleine campagne électorale, aux élections générales d'octobre 1993, la *Gazette* de Montréal publiait sur moi un long reportage dans lequel on affirmait, comme ça, mine de rien mon père, décédé près de vingt ans auparavant, avait un « *drinking problem* ». C'était une fausseté. Je n'ai jamais vu mon père ivre, je ne l'ai jamais vu prendre de boisson sur l'ouvrage, sinon une bouteille de bière occasionnelle, après avoir chargé son camion de « croûtes », le soir, sous des nuées de moustiques. Il prenait un verre comme tout le monde dans les fêtes de famille, où il chantait de sa voix de ténor, accompagné par ma mère au piano.

Pressé de se rétracter, le journal maintint son affirmation.

Pendant une trentaine d'années, mon père a sillonné les rues de Jonquière, de Kénogami et d'Arvida, d'abord avec son cheval de livraison, ensuite au volant de son camion. Il n'avait que des amis. Bien que de moyens très modestes, il a pu, comme je te l'ai dit, aider mes trois frères à décrocher leurs doctorats en France. Nous, ses enfants, nous l'aimions, le vénérions, l'admirions et, encore aujourd'hui, il nous inspire. Je le propose en modèle à mes fils Alexandre et Simon depuis qu'ils sont tout petits.

J'ai naturellement pensé à intenter une action en diffamation : d'innombrables connaissances et parents seraient venus contredire les affirmations du reportage et maman aurait dû se prêter à un interrogatoire sur son mari. Elle avait à l'époque plus de quatre-vingts ans. Je sais ce qu'est une poursuite en diffamation : c'est le procès du demandeur. J'ai décidé de ne pas soumettre notre mère à ce calvaire. Si bien qu'aujourd'hui encore, nous devons lire, de temps à autre, dans des textes publiés sur ma carrière, que mon père, le camionneur Philippe Bouchard de Jonquière, avait un problème d'alcool. Ce sera la seule trace écrite que cet homme qui savait à peine signer son nom laissera dans les registres médiatiques de l'opinion publique.

Je garde quand même un bon souvenir de cet épisode : en plein milieu de mes tourments, j'ai reçu un appel téléphonique de Daniel Johnson fils qui tenait à exprimer la sympathie qu'il éprouvait pour ma famille. Daniel Johnson, il m'est arrivé plus tard de le trouver agressif en période de questions. Il se pourrait que le souvenir de son appel d'octobre 1993 ait enlevé du mordant à mes répliques.

Malgré toutes mes préventions contre les recours en dommages diffamatoires, j'ai pourtant dû en instituer deux durant ma carrière politique. La première fois, ce fut pour attaquer un animateur de radio qui prétendait que j'étais l'amant de Corinne Côté. Il me fallait bien contredire cette invention grossière. Le deuxième procès, je l'ai intenté avec Jacques Parizeau comme codemandeur à l'encontre d'un courtier en valeurs mobilières qui, dans le bulletin périodique qu'il distribuait à ses clients investisseurs, nous comparait tous les deux à Hitler et nous imputait les mêmes méthodes de propagande que les nazis.

Ce sont des cas isolés. Mais je ne te souhaite pas d'en vivre de semblables. Si cela t'arrive, tu devras te montrer capable, malgré ces moments de tension, de garder la tête froide et d'assumer correctement tes responsabilités.

Le stress est le compagnon quotidien du dirigeant public. L'incertitude des dossiers, les aléas économiques, le supplice des équilibres financiers, les arbitrages déchirants, l'opposition suscitée par tes politiques, la déception de ne pouvoir réaliser certains de tes rêves les plus chers, les crises que tu dois gérer, le souci constant de protéger ta réputation et l'intégrité de ton gouvernement : toutes ces tensions mettent les nerfs à rude épreuve. Ne va pas t'imaginer que tu parviendras, avec le temps, à éliminer le stress. Impossible. Il sera toujours là. La seule chose que tu puisses faire, c'est de t'habituer à vivre avec lui.

Un mot sur les membres de ta famille : il faudra les protéger, surtout les enfants, qui se feront dire bien des choses dans les cours d'école. À sa première journée au primaire, Simon est revenu à la maison en pleurant. Il finit par répéter à sa mère une basse insulte qu'un petit camarade avait proférée à mon propos. C'est ainsi que mon fils est entré pour la première fois en contact avec la politique, et avec l'école.

Certains commentaires que tes proches pourront lire et entendre dans les médias leur feront aussi mal, sinon plus, qu'à toi. Tous les politiciens, hommes et femmes, te le diront. Ce n'est peut-être pas une raison de fuir l'engagement, mais tu ferais bien de te préparer mentalement.

Je ne cherche pas à noircir le tableau mais je te dois de le peindre vrai. Rassure-toi, il n'y a pas que le côté noir. Tu voudras aussi considérer le côté lumineux.

Tu vivras d'intenses moments de satisfaction et même d'exaltation. Il n'y a rien de plus noble que de servir ses concitoyens. Tu en éprouveras un vif sentiment de fierté, tempéré cependant par ta conscience de l'écart entre la tâche qui t'est confiée et ta capacité de l'accomplir adéquatement. Le service public, c'est la motivation clé. Quelle erreur que d'y substituer l'attrait du pouvoir ! Bien sûr qu'il y a du pouvoir, quand on est ministre, et plus encore, premier ministre, mais tu dois voir ces fonctions bien davantage en termes de responsabilité.

Il y a aussi l'humour, le rempart qui t'empêchera de te prendre trop au sérieux. C'est l'antidote de la dépression et de la schizophrénie qui guettent les politiciens qui en sont dépourvus. Je me souviens d'irrépressibles fous rires qui éclataient dans notre petit cercle, en plein milieu de situations d'extrême tension. Rire de soi, se jouer des tours pendables, se rappeler les phrases et comparaisons les moins avisées de son dernier discours : rien de plus sain.

Enfin, tu pourras toujours puiser du réconfort dans l'affection de tes proches et raviver ton énergie au soleil des encouragements des militants et parfois, des témoignages de soutien du grand public.

Comme j'ai la témérité de poursuivre dans ce rôle de conseiller que je me suis donné auprès de toi, laisse-moi te signaler deux autres facteurs à considérer dans l'exercice de tes fonctions d'élu.

Le premier concerne ton entourage immédiat. J'entends par là le premier cercle de tes conseillers et collaborateurs. Selon que tu les choisiras bien ou mal, tu connaîtras la réussite ou l'échec. C'est aussi net que cela. Au moment de faire ta sélection, assure-toi de recruter les meilleurs. Ne l'oublie pas, ils seront tes *alter ego*, tes confidents les plus intimes. Tes projets, tes stratégies, tes hésitations, tes réflexions et même une bonne partie de ta vie personnelle leur seront connus. C'est dire qu'ils doivent être d'une intégrité sans faille, d'une loyauté farouche et d'une discrétion absolue. Leurs avis doivent éviter la complaisance, ce qui suppose, bien sûr, que tu accepteras et encourageras cette franchise. Méfie-toi d'un adjoint qui se pâme d'admiration pour le moindre de tes faits et gestes.

Tu l'as deviné, il est impossible d'établir instantanément ce rapport de confiance. Ces confidents, tu les auras d'abord connus durant tes études ou dans le cours de ton itinéraire politique. Tu chercheras chez eux l'intelligence, la connaissance des dossiers, le respect des autres et le partage de tes idéaux. J'ai eu le bonheur de pouvoir compter sur un tel entourage. Je ne nommerai que deux personnes exceptionnelles qui ont toutes deux dirigé mon Cabinet : Gilbert Charland, pour l'essentiel dans l'opposition, à Ottawa, et Hubert Thibault, au gouvernement, à Québec. Ils étaient entourés d'équipes de la même qualité dont j'aimerais pouvoir te nommer tous les membres. Je te souhaite de trouver de semblables compagnons.

Mon autre conseil porte sur tes relations avec tes collègues du Cabinet, du caucus et du parti. Dans les trois cas, je te parlerai en connaissance de cause. Pour les deux premiers, je peux faire état d'expériences positives. Pour le troisième, tu aurais intérêt à ne pas imiter mes déficiences.

Concernant les ministres et les députés, je pense ne pas me tromper en évoquant les rapports d'amitié et la confiance que j'entretenais avec eux. Il se peut que tous n'aient pas partagé ce sentiment mais, en toute honnêteté, je pense m'être constamment appliqué à traiter avec eux avec équité et transparence, dans un climat aussi chaleureux que possible. Quand cela s'avérait opportun, je n'hésitais pas à les soutenir dans l'exercice de leurs responsabilités ministérielles. Je peux ajouter qu'il en était de même avec les membres du caucus. Tu dois savoir le rôle critique que joue ce dernier dans le fonctionnement d'un gouvernement et surtout dans la fonction parlementaire d'une formation politique. Le premier ministre et les ministres ont absolument besoin de la confiance et de l'appui du caucus. Avec les membres de ce dernier, je crois également m'être bien entendu. Nous avions des relations conviviales, ouvertes et même amicales. Dans mes rapports avec les ministres et les députés, je pense avoir, dans l'ensemble, mis en pratique les suggestions que je vais te faire.

Que tu sois député ou ministre, tu dois traiter tes collègues comme des membres de ta famille. Cela signifie faire preuve avec eux de franchise, d'entraide et même de soutien moral. Dès lors que vous vivrez les mêmes épreuves, mènerez les mêmes combats et que votre élection (ou réélection) sera liée au même sort, vous serez compagnons d'armes.

Cela n'empêche pas les discussions et la confrontation de points de vue parfois opposés. Mais en tout état de cause, il faut pouvoir trouver un terrain d'entente. Cela dit, un différend portant sur une question de conscience peut, dans des cas extrêmes, mener à une crise. C'est le genre d'impasse qui ne peut être brisée que par des compromis honorables. Sinon, ce sont les déchirements, les démissions, la mise en cause du leadership – en fait, le genre de cauchemar que j'ai vécu à Ottawa. Je souhaite que cela te soit épargné.

À l'échelon du Parti québécois, ce fut une autre affaire. Là encore, des distinctions s'imposent. Je n'ai que de l'admiration, du respect et de la reconnaissance pour le désintéressement et le dévouement des membres qui animent la base. Ils m'ont eux-mêmes donné leur confiance et m'ont en général appuyé dans les situations difficiles lorsque j'ai eu besoin de leur soutien.

C'est au sein des hautes instances que j'ai senti s'installer, dès mon arrivée, un malaise qui ne s'est jamais vraiment résorbé. C'était d'autant plus grave que c'est là que se concentre le noyau de ce que certains appellent, avec plus ou moins de justesse, « les purs et durs ». À la réflexion, leur réticence initiale à mon endroit peut se comprendre. Comme j'avais dû rendre ma carte de membre à mon départ pour Paris, onze ans auparavant, je ne me suis réinscrit au Parti que quelques semaines avant mon assermentation comme premier ministre. Tu te rappelleras peut-être aussi que je prenais, au pied levé, la place de Jacques Parizeau, que tous adoraient et dont on déplorait le départ dramatique.

Je dois reconnaître ma part de responsabilités dans la froideur de ces rapports. J'aurais dû m'investir davantage dans un rapprochement personnel avec les barons du parti. Un chef de formation est chargé d'une sorte de devoir de convivialité attentive envers ses membres. On rapporte que messieurs Duplessis, Lesage, Johnson père et Bourassa consacraient une part importante de leur journée à converser, en personne ou par téléphone, avec des organisateurs et des militants locaux, s'enquérant de leur famille, de leurs affaires et sollicitant leurs opinions sur des aspects de la gestion gouvernementale. C'étaient des conversations simples et directes : « Bonjour Paul ? Comment va la famille ? Et comment ça se passe en Abitibi ? Qu'est-ce qui préoccupe la population ? » Tu vois le genre ? Non seulement ils prenaient ainsi le pouls de la population, mais ils fouettaient l'ardeur des militants. Quand le premier ministre prend le temps d'appeler lui-même un président d'association, par exemple, ce dernier se sent valorisé et il y a de fortes chances qu'il redoublera d'efforts quand viendra la prochaine campagne de financement ou la prochaine élection générale.

Je ne l'ai pas assez fait et m'en suis repenti, malgré la justification que je trouvais dans le manque de temps. Comme la plupart des avocats, j'aime vérifier à fond. Au gouvernement, je consultais le plus de dossiers possible, et je rencontrais les sous-ministres et les autres personnes concernées. On m'a reproché cette implication attentive dans la gestion gouvernementale. Pourtant, il m'arrive encore de penser que j'aurais dû mettre le nez dans plus de dossiers encore. Je pense en particulier à la réforme de l'éducation qui s'est effectuée sous le mandat de mon gouvernement. Il me semble qu'on ne se serait pas ainsi fourvoyé si on n'avait pas laissé autant de bride aux fonctionnaires pédagogues du ministère. Peut-être aussi n'avons-nous pas, à l'instar du grand public, compris le jargon utilisé par ces bureaucrates de l'enseignement pour formuler leurs politiques et leurs programmes. Ah ! les compétences transversales...

En fin de compte, tu devras définir toi-même ton style de gestion. De toute évidence, tu voudras établir le meilleur équilibre possible dans ton emploi du temps, mais dis-toi bien que la confection des horaires sera toujours un casse-tête.

Septième lettre

NE TE PRÉOCCUPE PAS DES ÉTIQUETTES !

Dès que tu t'engageras en politique, les commentateurs et l'ensemble des analystes vont s'empresser de t'accoler une étiquette. C'est inévitable. Et c'est vrai que de toutes les étiquettes, celle qui te marque à gauche ou à droite est l'une des plus courantes.

Pour ma part, j'ai toujours recherché l'équilibre. C'est la raison pour laquelle je n'ai jamais accepté que l'on dise de moi que je suis « de gauche » ou « de droite », bien qu'on ne se soit pas privé de tenter de me placer dans le second camp. J'ai essayé de me comporter en dirigeant réaliste et responsable, animé par des valeurs d'équité et d'humanisme ; autrement dit, j'ai tenté d'être à la fois lucide et solidaire. Même si je menais une politique de déficit zéro et effectuais de dures compressions budgétaires, je ne me considérais pas pour autant comme un politicien de droite. Il était impératif d'éviter une autre décote qui aurait fait tomber le crédit du Québec immédiatement au-dessus du niveau des obligations de pacotille (les « junk bonds »), le seuil du purgatoire des mauvais débiteurs. Une opération de salut public s'imposait pour préserver la capacité de l'État de remplir ses missions essentielles, notamment en matière sociale.

J'avais pris soin de conforter la légitimité de ma politique budgétaire par des sommets où étaient réunis des représentants des partis politiques, des centrales syndicales, du milieu des affaires et des organismes communautaires. C'était mon sauf-conduit face aux accusations de ne pas détenir de mandat pour mener une politique d'austérité. Par surcroît, j'y recueillis de très bonnes idées et un soutien généralisé pour redresser les finances publiques.

Je m'étonne toujours de cette insistance que certains mettent à me ranger à droite. Les garderies à cinq dollars, c'était sous mon gouvernement ; est-ce une politique de droite ? La loi sur l'équité salariale, l'une des seules du genre au monde, fut adoptée sous ma gouverne : pas précisément une mesure de droite non plus. Je me souviens d'avoir défini moi-même plusieurs des concepts autour desquels s'articule sa structure. La promotion et les premiers financements de l'économie sociale sont une autre réalisation de mon gouvernement, préconisée par le Sommet sur l'emploi, sous l'impulsion de Nancy Neamtan.

Nous ne nous sommes pas contentés de faire des compressions. Notre politique familiale, par exemple, fait l'envie du reste du Canada. C'est devenu un modèle. Ah ! j'allais l'oublier (comme tant de gens) : l'assurance médicaments, c'est nous également.

Personne n'a l'apanage de la générosité. J'ai du mal à ne pas éprouver de la méfiance à l'endroit de ceux qui n'ont que ces mots à la bouche, mais qui restent étrangement silencieux sur les moyens de les rendre concrets.

À mon avis, tu n'as pas à te cantonner à gauche ou à droite. Annonce plutôt ce que tu entends faire et comment tu t'y prendras. Les étiquettes sont bien futiles à côté de la réalité des gestes concrets.

Tu dois cependant t'attendre à te faire caser, toi aussi, dans une niche. C'est tellement commode de t'affubler d'un biais de droite ou de gauche pour discréditer tes idées. Tâche d'échapper aux catégories et conserve autant que possible la faculté de t'en remettre à ton bon sens et à une évaluation rigoureuse et balancée des problèmes. Il te suffira d'être en paix avec ta conscience.

Il s'en est même trouvé, lors de la publication du « Manifeste des Lucides » pour y voir la plateforme d'un parti de droite que je m'apprêtais à fonder. Étrangement, le seul parti qu'ait enfanté le manifeste, c'est Québec solidaire.

Je n'avais non plus à l'esprit une intention idéologique au moment d'accéder à la fonction de premier ministre. Je ne me suis pas dit : « Je vais prendre la tête du gouvernement québécois et enfin donner libre cours à mes instincts de droite ou de gauche. » Ce n'est pas du tout ainsi que les choses se sont passées.

Tu veux que je te rappelle les circonstances dans lesquelles je suis devenu premier ministre ? Le soir même de la défaite référendaire, j'avais décidé de quitter la politique et de tourner la page sur cet épisode de ma vie. Audrey et moi avons convenu ce soir-là que j'annoncerais mon départ en décembre, à la clôture de la session parlementaire à Ottawa. Je retournerais à la pratique du droit.

Ces intentions firent long feu. Le lendemain, de retour à mon bureau après une pénible période des questions aux Communes, je recevais un appel téléphonique de Québec m'informant que Jacques Parizeau allait probablement quitter ses fonctions. L'appel suivant me confirmait que c'était chose faite. La page venait de se tourner sur « l'argent et le vote ethnique » du discours de la veille.

Des ministres et dirigeants du parti, dont Guy Chevrette, sont venus me voir à Ottawa, le soir même. Ils n'avaient qu'un message pour moi : « Si tu te présentes, on te laisse la place. » Bernard Landry, Pauline Marois ont tenu les mêmes propos.

J'ai réfléchi. L'idée que je poursuive ma carrière de politicien n'était vraiment pas du goût d'Audrey mais, comme toujours, quoique sans un enthousiasme délirant, elle finit par se rallier. C'est ainsi que je me suis rapidement trouvé à la tête du PQ, puis premier ministre du Québec. Parfois, tout s'accélère.

Les dernières vingt-quatre heures avaient passé comme sur des montagnes russes. Le jour du scrutin référendaire, je sentais la victoire à portée de main. Les résultats de nos sondages le laissaient croire et les fédéraux, à Ottawa, recevaient de leurs analystes des pronostics similaires.

Qu'on soit d'accord ou non avec le projet souverainiste, tu conviendras qu'un scrutin favorable au OUI aurait constitué un événement d'intérêt planétaire. Ce soir-là, des centaines de reporters étrangers avaient convergé sur le Québec. Le regard du monde était braqué sur nous. Tous, y compris les opposants sans doute, se demandaient: allait-on assister à la naissance pacifique d'un nouvel État francophone, en plein cœur de l'Amérique du Nord, par la voie de la démocratie? Allait-on voir le Québec entrer dans l'histoire et prendre sa place dans le concert des Nations?

Les Québécois ont refusé de franchir le pas. Plusieurs ont appréhendé les turbulences économiques et politiques. D'autres n'ont pas voulu rompre leurs liens émotifs avec le Canada. Les motifs possibles sont légion et, jusqu'à un certain point, on peut les comprendre. En ce qui me concerne, ce fut un crève-cœur. Nos sondages nous laissaient anticiper une majorité pour le OUI. Les premiers résultats, en provenance des Îles-de-la-Madeleine, nous remplirent d'espérance, mes proches et moi, dans la pièce du Centre des congrès où nous nous tenions, rivés à la télévision. L'affaiblissement progressif du OUI et l'issue finale nous dévastèrent. Quelles que soient tes allégeances sur la question nationale, tu comprendras sûrement l'amère déception qui a suivi nos espoirs de victoire.

C'est sans doute tout cela qui s'est exprimé dans le discours de Jacques Parizeau. Mais de même que nous nous serions réjouis de la légitimité démocratique d'un succès du OUI, de même fallait-il accepter le verdict contraire rendu par la majorité, si mince fût-elle.

Mais il n'y a pas que des revers en politique. On peut aussi réaliser des rêves.

Quand on m'a remis l'Ordre national en 2008, en compagnie d'autres premiers ministres, j'ai déclaré que je n'avais jamais rêvé d'être premier ministre du Québec. Tu veux savoir ce dont je rêvais, plus jeune ? Je rêvais, entre autres, d'une grande bibliothèque remplie d'une multitude de livres. Je t'ai déjà dit que j'en avais fait la confidence à mes collaborateurs, alors que j'étais en train de former mon premier Cabinet ministériel. Ce fut donc l'une de mes premières décisions : nous allions construire la Grande Bibliothèque, à Montréal.

Par une heureuse conjoncture, il se trouvait qu'une petite fille élevée en Abitibi avait, elle aussi, manqué de livres pour étancher sa soif de lecture. Plus tard, elle était devenue directrice du *Devoir*. Entre deux éditoriaux qui faisaient frémir la classe politique, Lise Bissonnette avait déjà souligné le manque d'une grande bibliothèque au Québec. De plus, je trouvai en Louise Beaudoin et en Bernard Landry de solides appuis pour convaincre le gouvernement, et ensuite l'opposition libérale, aboutissant, en juin 1998, à un vote par lequel l'Assemblée nationale a unanimement adopté la loi constituant la Grande Bibliothèque.

Il fallait ensuite nommer le président-directeur qui allait devoir assurer la concrétisation du projet. Mets-toi à ma place : à qui vas-tu confier cette lourde tâche ? De toute évidence, il fallait offrir le poste à Lise Bissonnette. Sa nomination s'est avérée une décision on ne peut plus heureuse. Cette femme énergique et clairvoyante mena les travaux de main de maître, confondit les opposants et livra l'ouvrage dans les délais et en respectant les budgets. Je te fais grâce des autres péripéties qui ont marqué la réalisation du projet. Aujourd'hui, elle a pignon sur rue, cette Grande Bibliothèque, certainement l'une des plus importantes institutions culturelles du Québec, aux côtés de la Place des Arts, de la Maison de la musique de l'OSM, du Musée des beaux-arts de Montréal, du Grand Théâtre et du Musée du Québec.

C'est un succès inespéré. Alors que les estimations les plus optimistes prévoyaient un achalandage annuel de 1,5 million de visiteurs, ils sont trois millions à la fréquenter chaque année et près de six millions à utiliser son portail internet. Ses bienfaits ne sont d'ailleurs pas limités à la population montréalaise. Elle est au cœur d'un réseau interactif qui regroupe toutes les bibliothèques des régions. Pour ajouter à cette belle histoire, le gouvernement Charest a fait adopter en 2004 la loi qui a fusionné la Grande Bibliothèque et les Archives nationales.

Voilà un exemple de la gratification personnelle que procure parfois le pouvoir politique.

Huitième lettre

SI J'AVAIS VINGT ANS AUJOURD'HUI

Si j'avais vingt ans aujourd'hui, j'imagine que, malgré tous les espoirs qui m'habiteraient et l'enthousiasme que je ressentirais à tenter de les réaliser, j'éprouverais, quelque part au fond de moi-même, une inquiétude. Il n'y a pas seulement l'angoisse de la vieillesse ; il y a aussi celle de la jeunesse. Après tout, jeunes et vieux font face à l'incertitude de l'inconnu.

Je me vois écrire des reportages et des éditoriaux dans un journal étudiant. Je signerais probablement des chroniques incendiaires sur la dette du Québec, par exemple. Je rappellerais à mes condisciples qu'elle s'élève désormais à près de 180 milliards de dollars, ce qui représente plus de la moitié de notre PIB. Je poserais des questions embarrassantes : savez-vous que, de 2009 à 2013, les Québécois auront versé 35 milliards en intérêts sur la dette ? À ceux qui me reprocheraient d'être de droite, je demanderais si se battre contre le transfert d'un fardeau insoutenable aux jeunes générations est un geste de droite ou de gauche. Je serais quand même favorable à une hausse des frais de scolarité, pourvu qu'elle soit équitable et que les sommes ainsi amassées soient consacrées à l'excellence et au recrutement des meilleurs professeurs.

Équitable comment ? Je proposerais une hausse établie en fonction d'une pondération qui tienne compte des rémunérations moyennes des différentes catégories d'étudiants, une fois qu'ils seront entrés sur le marché du travail ; et je verrais à inclure un aménagement pour ceux qui viennent de milieux défavorisés. Peut-être ajouterais-je au panier du calcul un paramètre sur les coûts spécifiques des diverses formations. Le travailleur communautaire serait pratiquement exempté de hausse, tandis que les étudiants en finances ou en radiologie, par exemple, seraient appelés à contribuer davantage. Je me prononcerais très certainement en faveur de l'amélioration du système de santé et je ne répugnerais pas à explorer des solutions complémentaires au régime du secteur public.

Sans doute, les sujets de discussion ne manqueraient pas. Et je serais membre de l'aile jeunesse d'un parti politique. Quoi qu'on dise, il n'y a pas de meilleur endroit pour faire avancer ses idées.

Une chose est sûre : je ferais tout ce qui est en mon pouvoir pour poursuivre des études. Le décrochage scolaire est un véritable drame pour la société québécoise. Sais-tu qu'à peine 55 % des garçons et 68 % des filles obtiennent leur diplôme d'études secondaires en cinq ans, et que le Québec est la province canadienne où le taux de décrochage est le plus élevé ? Il est vrai, heureusement, qu'une bonne partie de ceux qui ont abandonné leurs études raccrochent plus tard. Mais cela m'attriste profondément de voir des jeunes condamnés à un avenir précaire, contraints pour certains de recourir à l'aide sociale.

Je suis encore plus sensible à ces questions depuis que j'apporte mon soutien à Vanguard, une institution spécialisée dans l'aide aux élèves qui connaissent des difficultés d'apprentissage. Récemment, lors d'une activité de financement à laquelle je participais, un jeune « raccrocheur » est venu témoigner. C'était très émouvant d'entendre ce garçon raconter son passé de décrocheur et sa longue renaissance, rendue possible par le travail incessant des spécialistes de l'école Vanguard. Son auditoire a pu remarquer qu'il portait l'uniforme des pilotes d'Air Canada.

Ce jeune homme a été littéralement sauvé. Combien de gars et de filles tout aussi brillants et talentueux que lui souffrent d'être confinés à une école mal adaptée à leurs besoins ? Pourquoi le ministère de l'Éducation s'obstine-t-il à bouder l'instauration d'un réseau élargi de ces écoles spécialisées ? C'est un vrai drame que tous les élèves en difficulté d'apprentissage n'aient pas la chance de croiser sur leur chemin des éducateurs spécialisés qui, grâce à des méthodes différentes et mieux adaptées, leur ouvrent la voie à une véritable intégration au milieu du travail.

Il y a aussi ces milliers de jeunes qui ont la volonté tenace de s'épanouir de façon individuelle. Ils ne comptent pas beaucoup sur la collectivité, ne misent pas sur l'État. On ne parle pratiquement jamais d'eux. Ils savent qu'ils n'auront pas d'emplois du gouvernement, qu'ils doivent s'attendre à payer à un État à bout de souffle des impôts de plus en plus lourds. Le poids de la dette publique et l'inversion de la pyramide des âges ne sont pas là pour les rassurer. Pour le moment, ils sont largement absents de la vie publique. J'ose croire que les choses changeront. Plus de jeunes dans la vingtaine et dans la trentaine doivent investir les sphères décisionnelles, dans leur propre intérêt et dans celui de leurs enfants et des générations à venir. Je te rappelle que c'est la raison pour laquelle j'ai accepté de me lancer dans cette correspondance avec toi.

Ce qui me donne de l'espoir, c'est que j'observe partout des jeunes qui travaillent avec ardeur. Il faut voir l'énergie et la détermination des jeunes avocats, ingénieurs, comptables, experts en finance, médecins, enseignants, sans oublier les infirmières, indispensables au fonctionnement des hôpitaux. Il y en a des dizaines de milliers comme cela au Québec. De ceux-là, les médias ne parlent pas.

Pense aussi à tous les autres Québécois, jeunes et moins jeunes, qui mènent à l'étranger de brillantes carrières. Il y en a, dans tous les domaines, à New York, en Californie, en Europe ou en Asie. Nous avons bien raison d'être fiers des chanteurs, acteurs, écrivains dont le talent et les réalisations nous font partout honneur. De la même façon, nous pouvons nous enorgueillir de ceux du monde des affaires qui s'illustrent à l'étranger, où ils bâtissent la réputation d'entrepreneurship du Québec.

Ce n'est pas vraiment le propos de cette correspondance, mais je veux te dire combien il importe à mes yeux de poursuivre les avancées économiques réalisées chez nous par toute une génération de pionniers d'affaires. La Révolution tranquille a libéré des forces qui ont nourri de remarquables accomplissements personnels. Il me semble parfois que nous ne reconnaissons pas suffisamment les mérites de ces Québécois qui ont apporté une inestimable contribution à nos progrès économiques et sociaux.

Il faut souhaiter qu'à côté de tous les artistes et créateurs que nous admirons à juste titre, une cohorte de plus en plus large de jeunes entrepreneurs audacieux créent des emplois, se lancent à la conquête des marchés extérieurs et représentent à leur tour le génie québécois dans le monde des affaires.

Tous ces créateurs, artistes, entrepreneurs et décideurs économiques ont en commun de ne pas se laisser paralyser par le principe de précaution. D'ailleurs, je me demande parfois comment on en est arrivé à qualifier de principe ce qui est, à mes yeux, trop souvent le prétexte de l'inaction.

Je crois à l'équilibre, à l'intégration dans une même équation des besoins et des ressources, des idéaux et de ce que la réalité permet. Tu peux très bien être un champion des moyens de pression – et l'être tout à fait sincèrement –, mais si un jour on te charge de gouverner le Québec, c'est toi qui auras à faire les inévitables compromis qu'impose l'exercice du pouvoir. Toi aussi, sans doute, tu éprouveras des élans de générosité, mais il te faudra bien les concilier avec la partie la plus difficile de ta tâche, celle qui consiste à faire des choix.

On y revient toujours : il te faudra établir des équilibres entre le mieux et la nécessité. L'harmonisation de l'économique avec le social ou du social avec l'économique, selon le point de vue où tu te places, procède d'évaluations qui peuvent changer dans le temps. Nous sommes présentement à l'un de ces moments où il faut réinventer un équilibre, face à des impératifs et à des contraintes qu'il faut fondre dans des politiques.

Je ne prétends pas que ma vision du monde est la seule qui vaille : à toi de te faire ton idée. Mais voilà, je suis d'avis que nous sommes beaucoup trop endettés et que nous sommes globalement très taxés. Pensons au fardeau fiscal de la classe moyenne qu'on a tendance dans certains milieux à ranger dans la catégorie imposable des « riches ».

La statistique la plus élémentaire fait voir le carcan qui étouffe nos politiques fiscales. D'une part, 36 % des Québécois touchent des revenus trop bas pour payer de l'impôt. De l'autre, seulement 2,15 % de nos contribuables gagnent 150 000 $ et plus. L'Ontario compte une proportion un peu inférieure de bas revenus exemptés d'impôt (30 %) et les revenus supérieurs à 150 000 $ y représentent 3,37 % de l'ensemble. L'Ontario, avec seulement 55 % de plus de contribuables au total que le Québec, a donc 162 % de contribuables riches en plus.

Il saute aux yeux que ce que nous appelons la classe moyenne regroupe en réalité chez nous la quasi-totalité des payeurs d'impôt. Les contribuables québécois forment ainsi une immense classe moyenne. Même en taxant à l'excès la « classe des 2,1 % », le rendement n'affectera jamais qu'à la marge le poids supporté par les autres contribuables. C'est ce qui a fait dire à Bernard Landry, lors d'un conseil national du Parti québécois, qu'il n'y a pas assez de riches au Québec. Comment comprendre, alors que l'État a un pressant besoin de revenus additionnels, ne serait-ce que pour maintenir les programmes sociaux existants, que certains grincent des dents dès qu'on parle de créer de la richesse ? Si l'on n'y parvient pas, les premiers pénalisés seront ceux qui bénéficieraient le plus de l'accroissement du lot à partager. Autrement dit, il faut mettre le plus de richesse possible au service de la justice sociale.

À ce point de ma lettre, je ne puis m'empêcher de penser au développement de nos ressources naturelles. Nous disposons là d'un atout manifeste de progrès économique et social. À moins qu'on ait une objection idéologique au progrès – ce qui exclut au départ toute discussion –, il me semble éminemment souhaitable de procéder à l'exploitation de ces ressources. Dès lors qu'on subordonne nos orientations à l'intérêt public et à la responsabilité environnementale, il n'y a pas de raison qu'on ne puisse arriver à des décisions équilibrées.

Un mot sur les gaz de schiste. Ils sont une autre corde à notre arc, et une ressource comme les autres. Il s'agit donc de déterminer les conditions de sécurité environnementale, d'acceptabilité sociale et de partage des revenus qui permettront d'en assurer un développement responsable. Le comité d'évaluation stratégique formé à la suite du rapport du BAPE est présentement à l'œuvre pour procéder aux études requises. En attendant, personne ne doit s'alarmer, puisque le gouvernement, les communautés locales et les entreprises comprennent qu'il faut attendre les conclusions de l'étude environnementale avant d'aller plus loin. Pourquoi ne pas en profiter, entretemps, pour tenir sur la question une discussion sereine ? Le dialogue avec les opposants est tout à fait possible et j'y crois toujours.

En affaires comme en politique, il faut chercher à résoudre les conflits par des solutions rationnelles. À cet égard, le fait de diaboliser l'adversaire ou l'opposant ne conduit qu'à la polarisation des positions et à l'impasse. Le souvenir me revient d'une rencontre avec le talentueux metteur en scène et dramaturge Dominic Champagne, un adversaire de l'exploitation du gaz de schiste. J'ai découvert un homme sensible et cultivé, qui raisonne et se bat pour le bien public. Il a beaucoup à donner à la société québécoise. Tiens ! Voilà quelqu'un que j'aimerais voir s'engager dans un parti politique.

Si jamais tu exerces des fonctions électives, je t'adjure d'éviter l'excès de partisanerie. L'engagement pour une cause s'accommode mal du fanatisme et du rejet de l'autre. Tu seras le ministre ou le premier ministre de tous et de toutes et tu devras être capable, à l'occasion, de nommer à des postes importants des gens qui ne sont pas de ta famille politique. Même dans la vie civile, tu ferais bien de ne pas opposer les convictions politiques à l'amitié. Les unes ne devraient pas exclure l'autre. J'ai moi-même tenu à maintenir le plus de liens possible avec des amis et des proches pourtant réfractaires à mes politiques. Les réseaux personnels, les amitiés, le soutien affectif, les rencontres enrichissantes adoucissent les aspérités de ce dur métier.

Tu te rendras compte qu'il n'y a rien de plus humain, dans tous les sens, que la politique. Elle poussera à leurs limites tes meilleures dispositions et jettera une lumière crue sur tes déficiences.

On me demande souvent si je m'ennuie de la politique. La réponse, c'est : « Bien sûr. » Ce qui me manque le plus, c'est l'intensité des rapports avec les gens que la proximité des alliances et des débats m'ont fait si bien connaître et apprécier. Oui, je m'ennuie de tous mes collègues, ministres et députés, et de l'affection des militants, même si je suis encore facilement piqué par les critiques de certains à mon endroit.

Ce deuil est si vif que même certains adversaires me manquent. Je les revois encore poser des gestes de courtoisie qui m'ont ému. Ajoute à cela ceux qui me faisaient rire à l'Assemblée nationale, même si c'était aux dépens de mes politiques et de mes défauts. En passant, puis-je te signaler que la finesse des attaques et le maniement du ridicule sont les armes les plus efficaces dans la joute politique, à l'inverse des insultes et des manifestations de hargne ?

Je garde aussi un excellent souvenir des hauts fonctionnaires et dirigeants de sociétés d'État avec lesquels j'ai eu le privilège de travailler. Nous devons beaucoup à leur compétence et à leur dévouement. Tu feras bien de traiter ces serviteurs de l'État en alliés et de leur accorder ta confiance. Que ce soit par leurs conseils, leur expérience ou leur connaissance de l'administration, ils te seront d'un inestimable secours.

Je me rends bien compte que c'est beaucoup de qualités et de vertus que je suis en train de te prescrire. Disons que j'ai tracé un portrait idéal. Il y a fort à présumer que, comme tous ceux qui t'ont précédé, y compris moi-même, tu n'atteindras pas ce niveau de perfection, justement parce que, toi aussi, tu réagiras en humain, avec tes mauvaises journées, tes erreurs de jugement et tes sautes d'humeur. L'important, ce sera de te rattraper et de revenir à ce qu'il y a de meilleur en toi, peut-être aussi en te remémorant quelques-uns des conseils que j'ai osé te donner.

De toute façon, les Québécois te pardonneront tes errements s'ils peuvent se dire qu'au fond, tu es quelqu'un qui partage leurs préoccupations, qui n'a pas perdu le sens de la réalité et qui cherche en tout temps à mériter leur confiance.

Enfin, pour revenir au message central de nos échanges, je suis désolé de devoir te rappeler que ces comportements exemplaires ne suffiront pas si tu ne parviens pas à proposer à nos concitoyens la vision nouvelle qu'ils attendent. Si tu veux contribuer à faire rebondir le Québec et donner espoir à ceux et à celles de ta génération, tu dois pouvoir leur présenter un projet exaltant dans lequel ils pourront se reconnaître. Sois persuadé que les Québécois ne demandent pas mieux que de croire à nouveau en quelque chose et en quelqu'un.

Neuvième lettre

LE QUÉBEC DOIT REBONDIR

Avant de conclure notre correspondance, j'insiste sur la nécessité de ne jamais oublier que l'histoire du Québec est une longue chaîne d'efforts, de joies, de revers, de dépassements personnels. Ton destin s'inscrit dans le prolongement du parcours de ce peuple déterminé à survivre et à s'épanouir comme nation francophone, en plein cœur d'un immense continent anglophone. Plus tu fréquenteras notre histoire, plus tu constateras que, tout au long de cet itinéraire, la solidarité politique s'est avérée cruciale. L'État dont nous nous sommes graduellement dotés s'est incarné dans une succession de politiciens qui ont créé chez nous une riche tradition de service public.

Dans cette séquence, les tours de piste se succèdent au rythme des verdicts électoraux. La démocratie incite à la modestie : leur mandat achevé, les titulaires des plus hautes fonctions réintègrent les rangs de la vie civile où ils retournent côtoyer leurs concitoyens. Ce fut mon cas et ce sera aussi le tien, si tu décides, comme je t'y incite, d'ajouter ton maillon à la chaîne.

Tu dois savoir cependant que tu seras, d'entrée de jeu, interpellé par ce qu'on appelle la question nationale. Tu te demandes donc peut-être s'il est possible de te lancer en politique, au Québec, sans avoir à te définir comme souverainiste ou fédéraliste ?

C'est un fait qu'au cours des quarante dernières années, il s'est avéré impossible d'échapper à cette dichotomie. Cela demeure un sujet extrêmement sensible au Québec. Le jour où tu annonces ta candidature, la première question que te poseront les journalistes sera : « Sous quel toit logez-vous ? Êtes-vous fédéraliste ou souverainiste ? » Tu n'y couperas pas et, que tu choisisses ou non de te situer selon ces termes, tu auras tout intérêt à donner une réponse claire, à partir de tes propres perceptions et d'une lecture réfléchie de la situation politique.

On doit le dire sans ambages : le débat sur la question nationale est présentement dans l'impasse. D'une part, les souverainistes les plus réalistes savent bien qu'il ne saurait être question de lancer un autre référendum sans une possibilité raisonnable de succès. Il serait irresponsable d'exposer le Québec à une autre défaite quand on sait le prix qu'il a fallu payer au lendemain des échecs de 1980 et de 1995. Le premier nous a valu le rapatriement forcé de la Constitution, l'imposition d'une Charte des droits, la perte du droit de véto et la diminution des pouvoirs de l'Assemblée nationale. Quant au second, il s'est soldé par la mise en place du verrou de la loi sur la clarté. Quand tant d'efforts et de mobilisation tendent à la limite le ressort collectif pour n'aboutir qu'à la débâcle, il s'ensuit trois résultats immédiats : 1) le désarroi des perdants ; 2) le renforcement des fédéraux à Ottawa ; et 3) une atteinte à la capacité de cohésion et d'enthousiasme de la collectivité pour quelque projet que ce soit.

L'actuelle stagnation est une aubaine pour le gouvernement conservateur, qui ne manque pas de s'en donner à cœur joie. Il n'y a qu'à considérer l'affaire des contrats maritimes, la nomination d'unilingues anglophones à des postes importants, la prolifération des photos de la Reine, la Marine royale, etc. Il m'est avis que même Pierre Elliott Trudeau aurait répudié cette restauration rétrograde des symboles monarchiques. Le pouvoir fédéral a beau jeu de conclure à la stabilisation de la situation constitutionnelle, considérant que le Québec a été remis à sa place, pour ne pas dire qu'il l'a fait lui-même.

Le comble, c'est que certains veulent maintenant permettre le déclenchement d'un référendum dès lors que 15 % des électeurs en exprimeraient le désir. Je n'arrive pas à croire qu'on puisse envisager de mettre ainsi entre les mains d'une si faible minorité le pouvoir de nous renvoyer en tout temps à l'abattoir : avec en plus une question qui pourrait très bien être rédigée à la sauvette, sans évaluation politique conséquente, par un groupe de pression ou une poignée d'activistes. Comment peut-on trouver légitime de faire fi de l'opinion majoritaire ? Qu'advient-il des prérogatives démocratiques de l'Assemblée nationale ? Combien de défaites faut-il encore infliger au Québec ?

La situation n'est guère plus rose du côté fédéraliste. Si la souveraineté n'est plus le projet mobilisateur qu'elle a été, le fédéralisme renouvelé ne l'est pas davantage. D'abord, aucun leader fédéraliste ne voudra courir le risque d'ouvrir la boîte de Pandore d'un autre Meech. Les fédéraux devinent trop bien les suites d'une nouvelle crise qui serait inévitablement perçue par les Québécois comme un autre rejet. Au surplus, même le rapport de force des fédéralistes québécois avec Ottawa est affecté encore aujourd'hui par les effets débilitants de la défaite référendaire de 1995. S'il ne craint plus les souverainistes, tu penses bien que le pouvoir fédéral craint encore moins les fédéralistes québécois qui veulent défendre les intérêts du Québec. Ils sont coincés, eux aussi.

Nous subissons déjà les ravages de l'affaissement actuel. Non, il ne faut plus s'exposer inconsidérément à perdre un référendum ! Rappelons-nous la mise en garde de Bernard Landry, en 1995, contre la « charge de la brigade légère[4] ».

Si bien que les tenants des deux options ne sont pas plus heureux les uns que les autres : les souverainistes ont mal digéré leur déconvenue de 1995 et certains d'entre eux se réfugient dans l'activisme référendaire, même si la population n'en a pas le goût ; les fédéralistes, bien que soulagés par l'issue du dernier référendum, se remettent mal de la peur qu'ils ont eue d'être passés si près du fractionnement du Canada.

Nombreux sont les Québécois de toutes allégeances qui souhaitent sortir de l'enlisement auquel les condamne cette polarisation apparemment sans

---

4. Il s'agit de l'attaque de la cavalerie britannique, envoyée au massacre contre l'artillerie russe en 1854, durant la guerre de Crimée.

issue, à tout le moins dans un avenir prévisible. D'où la tentation de balayer sous le tapis la question nationale en renvoyant dos à dos fédéralistes et souverainistes.

À bien y réfléchir, toute politique fondée sur le déni a peu de chances de réussite. La divergence qui sépare souverainistes et fédéralistes au Québec est ancrée si profondément dans le débat politique, et depuis si longtemps, qu'elle semble s'être intégrée au paysage politique. Les souverainistes ne pourront jamais être convaincus de renoncer à leur projet. Pareillement, je ne vois pas qui pourrait persuader les membres du Parti libéral du Québec de s'abstenir de défendre et de promouvoir le régime fédéral qu'ont confirmé à leurs yeux deux scrutins référendaires.

De toute façon, quel que soit le parti au pouvoir au Québec, il ne pourra faire autrement que de s'astreindre à un devoir de vigilance et de défense à l'égard de toute tentative d'empiétement émanant d'Ottawa. Sois certain que ces incursions se poursuivront.

C'est dire que tu n'échapperas pas à la nécessité de te définir d'une façon ou d'une autre dans ce débat.

Mais quoi que tu décides, il n'y a pas lieu pour autant d'accepter le statu quo qui nous fait tourner en rond. L'obligation de remettre le Québec sur les rails s'impose à tous les protagonistes, qu'ils soient souverainistes, fédéralistes ou qu'ils tentent de se réfugier dans les limbes constitutionnels. Car nous avons rendez-vous avec des problèmes terriblement pressants : l'essoufflement de l'État, le taux d'endettement, le fardeau fiscal, le sous-financement des programmes d'éducation et de la santé, le renouvellement des infrastructures, l'harmonisation des exigences environnementales avec le nécessaire développement de nos ressources naturelles, et combien d'autres enjeux primordiaux.

Note bien, en plus, que nous n'avons pas l'excuse d'un manque de compétence constitutionnelle pour justifier l'immobilisme. Ce qu'il faut se demander, c'est d'où viendront les forces vitales capables de briser cette stagnation étouffante et d'opérer le renouvellement attendu ? Qui pourrait insuffler aux partis existants l'énergie et l'imagination capables de forcer les remises en question qui se font attendre ?

En tout état de cause, j'ai la ferme conviction que la stimulation déterminante viendra de l'adhésion de jeunes qui n'hésiteront pas à brasser la cage. Grâce au va-et-vient, à la maison, des amis et camarades de mes fils, je rencontre beaucoup de jeunes. J'ai aussi l'occasion d'en croiser d'autres dans mon travail, à mon cabinet d'avocats, dans d'autres milieux professionnels et dans mes déplacements et activités. Ils ont de nouvelles idées, de nouvelles exigences, de nouvelles façons de voir et de sentir. Comme chacune des générations antérieures, la vôtre a une responsabilité dans la préparation d'une société qui sera à la hauteur de ses ambitions et nourrie des valeurs qui l'animent.

L'avenir du Québec, donc le tien et celui de tes enfants, passe obligatoirement par la voie politique.

Les décisions gouvernementales créent l'environnement nécessaire à notre développement économique et social et en déterminent les orientations fondamentales. Elles tirent leur légitimité d'une démocratie vivante et de la mise en commun des volontés et des énergies collectives. C'est justement quand on pense au rôle vital de l'institution gouvernementale qu'il apparaît si nécessaire de lui redonner son dynamisme et d'y retrouver la source d'inspiration pour opérer les changements que tu souhaites.

Or, la démocratie et l'État ne sont pas de simples créations de l'esprit. Ils prennent vie et force chez des hommes et des femmes qui les incarnent. C'est pourquoi le Québec a besoin de l'enthousiasme et de la vigueur d'une jeunesse résolue à réaliser ses idéaux. C'est par une démarche de foi en elle-même, de solidarité et de dévouement que ta génération pourra secouer l'indifférence et balayer le cynisme ambiant.

Cela ne peut toutefois se réaliser sans un engagement collectif qui, sur le plan individuel, doit se manifester par l'entrée dans la vie politique d'un certain nombre de leaders. Il faudra à ces derniers de l'audace, de la créativité et le courage de prendre des décisions impopulaires.

Tu vas penser que je radote, mais je te le répète : nos plus brillants esprits doivent, de toute urgence, investir les partis politiques et les lieux de pouvoir. C'est désormais à eux, c'est-à-dire à toi et à tes jeunes concitoyens, d'affronter les grands défis du temps : l'éducation, la santé, l'économie, l'environnement, les finances publiques.

À cause de vous et des atouts à votre portée, je ne serai jamais du camp des pessimistes. Et puis, j'aime trop le Québec pour réagir autrement.

CHRONOLOGIE POLITIQUE

Naissance à Saint-Cœur-de-Marie, Lac-Saint-Jean, le 22 décembre 1938.

Études classiques au Collège de Jonquière ; à l'Université Laval, baccalauréat ès arts en 1959, baccalauréat en sciences sociales en 1960, puis licence en droit. Admis au barreau du Québec en 1964.

Exerce la profession d'avocat à Chicoutimi jusqu'en 1985.

Premier président des tribunaux d'arbitrage du secteur de l'éducation de 1970 à 1976.

Procureur en chef de la Commission de l'industrie de la construction (commission Cliche) en 1974-1975.

Membre de la Commission d'étude et de consultation dans les secteurs public et parapublic (commission Martin-Bouchard) en 1977.

Porte-parole du gouvernement du Québec dans les négociations collectives des secteurs public et parapublic en 1978, puis en 1981.

À compter de 1978, est successivement bâtonnier du barreau du Saguenay, membre du comité administratif, puis président du comité de spécialisation du barreau du Québec.

Membre de l'équipe d'avocats représentant le gouvernement du Québec en rapport avec le renvoi judiciaire relatif au rapatriement de la Constitution en 1982.

Ambassadeur du Canada en France de juillet 1985 à mars 1988.

Sherpa du premier ministre du Canada au premier Sommet de la Francophonie, à Versailles, en 1985.

Président du Comité international de préparation du deuxième Sommet de la Francophonie, tenu à Québec en septembre 1987.

Secrétaire d'État du Canada, assermenté le 31 mars 1988.

Élu député du Parti progressiste-conservateur pour la circonscription fédérale de Lac-Saint-Jean-Est, à l'élection complémentaire du 20 juin 1988 ; réélu aux élections générales du 21 novembre.

Ministre de l'Environnement du 30 janvier 1989 au 22 mai 1990 ; lance le « Plan vert ».

Démissionne, le 22 mai 1990, du cabinet Mulroney et du caucus du Parti progressiste-conservateur pour siéger à titre d'indépendant à la suite de l'acceptation par le gouvernement canadien d'une dilution de l'Accord du lac Meech.

Crée le Bloc québécois avec huit autres députés indépendants ; la formation, dont le but est de défendre les intérêts du Québec à Ottawa, devient officiellement un parti politique le 15 juin 1991.

Vice-président du comité du NON lors du référendum sur les accords de Charlottetown de 1992.

En juin 1992, il publie, chez Boréal, *À visage découvert,* un essai autobiographique sur l'évolution politique du Québec. La traduction anglaise, *On the Record,* paraît en 1994 chez l'éditeur torontois Stoddart.

Investi chef de l'Opposition officielle à la Chambre des communes à la suite des élections générales du 25 octobre 1993 ; le Bloc québécois a remporté cinquante-quatre sièges, dont celui de la circonscription de Lac-Saint-Jean-Est, où il est réélu.

Le 29 novembre 1994, il est hospitalisé, victime d'une myosite nécrosante, infection rarissime et fulgurante, et subit l'amputation de la jambe gauche.

Il est l'un des principaux porte-parole du OUI au référendum de 1995 sur la souveraineté ; négociateur désigné du Québec avec le Canada advenant la victoire ; le OUI est défait avec 49,57 % des votes.

Le 15 janvier 1996, il démissionne de ses fonctions de chef de l'Opposition officielle, de député de Lac-Saint-Jean et de chef du Bloc québécois pour solliciter la présidence du Parti québécois. Il est élu par acclamation le 27 janvier.

Assermenté premier ministre du Québec le 29 janvier 1996.

Élu député du Parti québécois dans Jonquière à l'élection partielle du 19 février 1996. Réélu en 1998, lors d'élections générales où le PQ récolte une majorité de sièges (75 contre 48 aux libéraux) mais une minorité de voix (42,94 % contre 43,61 %).

Annonce sa démission le 11 janvier 2001, et quitte ses fonctions le 8 mars.

En avril 2001, retour à la pratique privée ; il s'associe au cabinet d'avocats Davies Ward Phillips & Vineberg. Depuis, il exerce sa profession d'avocat à Montréal.

Il siège aux conseils d'administration de Brault & Martineau, Saputo, Transcontinental et TransForce ; il est également président du conseil d'administration de l'Orchestre symphonique de Montréal (2004 à ce jour), coprésident de la Société du Havre (2002-2006) et membre de la Fondation des jeunesses musicales (2001 à ce jour).

Il a reçu du gouvernement français la distinction de commandeur de l'Ordre national de la Légion d'honneur ; il est récipiendaire de la Grand Croix de l'Ordre de la Pléiade et grand officier de l'Ordre national du Québec. Il détient des doctorats honoris causa de l'Université Lumière de Lyon, de l'Université de Montréal et de l'Université du Québec à Chicoutimi.

Lucien Bouchard est père de deux jeunes adultes, Alexandre et Simon, nés de son union avec Audrey Best (1960-2011).

TABLE DES MATIÈRES

Marquis imprimeur inc.

Québec, Canada
2012

Cet ouvrage composé en Chronicle text corps 12 a été achevé d'imprimer au Québec
en septembre deux mille douze sur papier Enviro
100 % recyclé pour le compte de VLB éditeur.